U0618790

下一代电商
e-commerce

天下网商 编著

从五大趋势看电商转型方向

ZHEJIANG UNIVERSITY PRESS
浙江大学出版社

主 编 审　康倩茹

撰 稿 人　吴厉渊　祁　钰　杨　钦　王海天　徐　露
　　　　　　余妙玉　周　麟　孙姗姗　范婷婷　凤　鹏
　　　　　　黄刚晓　白尹松　高红冰　姜雪芬
　　　　　　肖明超　李　震　简　江　仇　蝶　雕爷
　　　　　　Hank　庖丁的刀　宋　星　York Ma　吴思凡
　　　　　　马晓丹　余玲艳　taylor0007

特别鸣谢　杜　非　黄　若　张　勤　盛　迪　郑高照
　　　　　　彭　韬　任向晖　郑耀南　王　彪

上篇
电商六大困境

下篇
电商突破瓶颈的五大法宝

第十三章　完善用户逻辑

第十四章　抓准分众化市场

上篇　电商六大困境

第一章　扩大的电商边界

————————————————————

许多人对电子商务的理解还停留在以淘宝为代表的网络零售层面，但事实上，随着受众消费习惯的养成和技术的成熟，电子商务的触角早已延伸至我们生活的方方面面，从餐饮、医疗、旅游等日常生活消费，到汽车、房屋等重决策商品，而良仓等内容电商甚至开始成为人们的生活方式指南。

————————————————————

当餐饮遇上互联网

从后端到前端，餐饮行业的每一个环节都可以用"互联网＋"的方式去影响和提升。

一直以来，"鼠标＋水泥"都是对用互联网改造传统行业最形象的比喻。

但事实上，适合被互联网化的传统行业并不多，而餐饮业是冲在最前面的互联网化先行者。互联网化的意义远远不止是营销，而应该是更深层次的改造。本文以餐饮行业为例，看一个传统行业是怎么被互联网化的。

提高运转效率

对餐饮行业来讲，可以用互联网的方式提高其运转效率。

之前，大众点评、口碑网等这类平台解决的是信息化的问题，可以归为营销层面。但对互联网平台能否提高餐饮行业的效率，我一直存有疑问，因为它没有改变餐厅内部的流程。

但是，如今互联网改变餐饮行业的方式正在发生变化。例如，餐厅的呼叫服务，传统的做法是挥手致意服务员，但服务员很可能因为客人多而忙不过来。互联网可以在一定程度上改善这种状况。

比如，顾客可以通过手机触发服务铃，服务铃装在前台或服务员休息区。服务员可以看到哪桌客人需要什么样的服务，比如要餐巾纸、倒水或者催菜，就可以直接去满足顾客相应的服务需求，而不用像传统的方式那样来回确认。目前，这类功能都有具体的解决方案，只是大部分餐厅还停留在利用互联网平台导流的阶段。

未来，互联网可以切入更多餐厅运营后端的环节，比如进销存。供货商可以通过互联网看到某家由他供货的餐厅当天的用料情况，及时进行菜品原料的补充等工作。

总之，餐饮行业的内部运转以及工作效率，都可以通过互联网来改变和提升。

降低餐厅成本

饿了么、大众点评、淘点点都给餐饮行业带来了一个增量市场，例如外卖。平台通过自身流量优势给餐厅带来更多客流，以此来提升餐饮这个行业的体量。这些平台一方面创造了很多新的外卖商户，另一方面也为传统餐厅增加了客流。互联网虽然还没有从本质上改变这个行业，但是至少解决了餐饮商户的部分痛点。

但平台并不是谁都能做的，这是一个需要拼"第一"的领域，目前进入这个领域的机会已经很渺茫，后来者想用"鼠标＋水泥"的方式改造餐饮行业，还有机会吗？当然有。如果你不能为其带来增量，就要想办法降低其成本。

降低成本一定不能降低菜品的品质。团购网站逼迫餐饮商户拿出折扣来刺激消费者，直接导致餐厅通过降低菜品质量来控制成本，这并非良性循环。互联网服务商要思考的应该是，能否减少人工等经营成本？

比如，顾客用手机点餐，调取餐厅的电子菜谱，然后直接下单，这个应用可以为餐厅节省很多服务员的成本。

以人工成本举例，一个 300 平方米左右的餐厅，有 50 张桌子，大概需要 8 个服务员，这些服务员的工作包括点菜、录菜、催菜到端菜等。按照传统的做法，一个流程下来每桌需要花费 20 分钟。但是引入互联网的做法后，顾客通过手机调取餐厅菜单，可以进行自助点餐，而且点餐的信息可以直接传至对应桌号的服务员的手机上，这中间只需要用一个 App 就可以连接顾客和服务员，进行数据共享。同时，服务员的手机又和厨房的某个终端相连，服务员收到顾客菜单，点击确认后，厨房的厨师就开始做菜。菜做好后，再由厨师发出指令，服务员便可以去厨房把菜端到顾客桌上。

这个过程一定是可以节省服务员成本的，甚至只需要一半的人力。这种互联网解决方案才是有价值的。

改变餐厅管理方式

外卖平台的兴起，的确给餐厅带去了一定的流量，但是并没有改变餐厅的管理方式，比如将平台订单和线下订单合并核销、将线上线下会员管理打通等操作，似乎并没有把经营餐厅变得更简单。

让我们设想一下：老板可以随时随地通过手机等终端查看当天的经营报表、餐厅的运营情况，细到服务员的服务态度、厨师的做菜水准等，那才真正算是"鼠标＋水泥"模式的成功。

餐饮行业是一个管理粗放型的行业，像海底捞和一茶一坐这样的企业毕竟是少数。不是老板没意识，而是缺少管理工具。策略和执行断档是餐饮行业普遍存在的一个现象。执行要靠服务员，服务员归店长管，他们之间没有严谨的管理方式，而是靠人际关系维系。

而引入互联网后，顾客用手机点餐、就餐、结账，再给本次消费体验做一个点评。因为每个服务员是和餐桌号关联的，点评就可以针对某个具体的服务员。顾客对菜的口味、上菜速度等都可以进行评价，让服务员和餐厅的管理变成由顾客监督。

利用互联网的最新技术，可以将"鼠标＋水泥"的方式做得更彻底。这里的"鼠标"是指互联网工具，比如顾客通过手机进行点评，而且只有真实消费、结账完毕后才能评价。而"水泥"是指传统餐饮店里的收银管理设备，因为手机上的评价对象等数据都来自这些设备中预存的数据。

用互联网做营销

回到营销，这是餐饮行业最初和互联网产生的交集——通过互联网把这个行业信息化，人们在网上可以查到餐馆的信息。但今天，互联网若还是仅仅提供此类最简单的营销手段，恐怕已远远不够。在互联网时代，必须教会餐饮从业者自己通过互联网去营销，而不是替其做营销。只有这样，这个行业才会健康、良性地发展，这是一个可以被互联网化的行业。

就像做零售电商一样，我一直不认为代运营模式会长久，因为最终每个传统零售商户都要学会自己做电商运营，而不是永远依赖代运营公司。零售行业绝对是一个可以被互联网化的行业。

在传统的平台式互联网导流模式中，消费者数据往往由平台掌控，而导流并不是一件十分公平的事。在去中心化的今天，最好的方式是给餐饮行业提供一套营销工具，让其自主完成营销。比如提供一个类似微信红包的功能给餐饮商户，让其自主发起传播，领到红包的人就可以来餐厅消费抵扣。可惜目前为止类似可以提供给垂直行业的营销工具，在餐饮行业也还是空缺。

由此可见，从后端到前端，餐饮行业的每一个环节都可以用"互联网＋"的方式去影响和提升。

院墙内外的在线医疗先行者

很长一段时间里，互联网和移动互联网的力量在医院高墙之外游弋，希望慢慢渗透进医院坚实的围墙。

互联网与传统行业的连接正在各个维度加速，其中，在"特别传统"的关乎患者健康与生命的医疗服务行业显现出"特别复杂"的面貌。虽然医疗行业的信息化过程自20世纪80年代就已开始，但成熟的在线医疗服务模式至今仍没有出现。在PC端和无线端探索医患互动可能性的创业者，始终面临一个问题：在线医疗真的可实现吗？

缓慢渗透

"整个社会、各个医院都在喊口号，说要以病人为中心，但这很少被真正当作一回事。"一位受访医生表达了对现实医疗服务状况的焦虑情绪。当患者进入医院，就医环节引导信息的缺失足以令他们抓狂，也让医院几乎所有窗口都变成问询处。冗长重复的排队与等待，消耗着患者的时间和精力。低效运转的就医流程，也浪费着医疗资源……这些长年未改善甚至逐年加剧的状况，在持续催生互联网和移动互联网力量改造医疗行业的动力。

HIS（Hospital Information System，医院信息系统）厂商在互联网刚刚兴起之时就进入医院高墙，铺就医院信息化的基石。多年后，它们成了贯通院墙内外的关键节点之一。作为其中的一员，东华软件股份公司（2009年5月更名，原名北京东华合创数码科技股份有限公司）于2001年1月成立，致力于引进国外成熟的HIS产品，并将之本地化。

东华软件医疗卫生事业部副总经理赵连军说，医院早期信息化的目的主要是解决患者收费问题，仅仅在收费窗口做简单的收费系统，医护人员、药房管理等环节都未必能与之连上。之后，医院逐步建立院内业务信息管理系统，从内部流程到患者服务这两条线都逐步完善起来。

此后，医院对于信息化的要求提升了。管理者希望医院能给患者提供优化流程的服务，也希望提高医护人员及其他工作人员的工作效率，同时强化管理、增强医疗安全，并且从经济核算的角度考虑进一步提高医院运行效率。当然，这一切都在相对封闭的单个医院内部发生和解决。

虽然医院的信息化程度在逐步提升，但在线医患沟通模式仍似处于蛮荒之地。2006 年，医患沟通网站好大夫在线创立。创始人王航曾向媒体回忆，好大夫建立门诊信息查询中心靠的是到一家家医院拍摄医生简介，再录入电脑，一做就是 3 年，并维护至今。目前，好大夫在线收录了 3260 家医院、33 万余名医生的信息，在此基础上衍生了医患咨询、转诊预约、经验分享等服务。2009 年，好大夫在线推出电话咨询业务，并探索在层级诊疗前提下，为用户争取医生加号（即额外医疗资源）的可能性。在此期间，好大夫在线从一家互联网团队占主导的公司，变成了医疗专业团队占主导的公司。

在好大夫在线"换血"变重之际，倡导移动互联网之"轻"的风潮到来了。2011 年 11 月，春雨掌上医生手机客户端上线，为用户提供自查、咨询服务，以此收集用户自诊数据，推出盘活闲置医疗资源的"轻问诊"模式。由此，春雨医生手机客户端很快积累了千万级的活跃用户。创始人张锐希望在没有路径依赖和成本的情况下再造医疗。此后，春雨医生的互联网基因进一步显现，于 2014 年 1 月推出收费会员制，4 月推出空中诊所服务，8 月宣布完成 5000 万美元的 C 轮融资。

与医疗渐行渐远

尽管探索的路径不同，但好大夫在线和春雨医生始终游弋在医院院墙之外。

作为先行者，好大夫在线一直尝试在模糊的环境中确立自身边界。在其网站上，用户会看到醒目的提示："好大夫在线提供的是医患沟通平台，医生使用这个平台为患者提供基于病情的建议，而非诊疗。"

张锐则表示，春雨医生盘活的是非紧急类医生，他们多来自二甲医院，主要在妇儿类领域提供轻问诊服务，从而在前端帮助医院分流，让那些不必去医院的人不去医院。他强调这是在用互联网的方法、语言和思维来解决中国医生资源不平衡的问题。也因此，在业内人士眼中，春雨医生更多走向预防、健康领域，而非医疗领域。

在线医患沟通领域的关注者并不少。创立于 2000 年的医药及生命科学社会化媒体平台——丁香园，一直在捕捉和服务于医生的刚需。医患互动的确是医生群体感兴趣的领域，也一直是丁香园的关注对象，但丁香园一直没有涉足这一领域。创始人李天天表示，互联网技术很难颠覆医疗行业，一方面有政策的因素，另一方面在于行业的特殊性：基于互联网、移动互联网的医患互动有着难以逾越的鸿沟。

汇聚了 200 万名医生的丁香园，连接医生的能力很强，但难以挖掘患者的需求。通常情况下，患者不知道自己要找什么样的医生。例如，患者说头疼，而头疼可能是脑出血、三叉神经痛、偏头痛、癫痫、寄生虫、脑瘤、脑膜炎等原因引发，患者的语言很难通过互联网翻译给医生。在李天天看来，患者还是应该去医院看病，尽管可以从网站上获得一定帮助，但医生和患者的交流必须面对面、必须发生在门诊。"即使是面对面的交流，医学也经常被不确定性、不典型的症状所迷惑。"李天天认为，医疗服务不像买东西那么容易，也不像订酒店、订机票那么简单，里面有太多个性化的东西，不确定性非常多，想要用互联网解决太难。

李天天同时也看到，院墙之外的创业者想要进入医院这个陌生的市场，优势并不明显。医院内的信息产品市场如同诸侯割据，诸多厂家已经把 HIS

做得很完善，再进一步把现有的功能扩展到移动端并不难。事实上，HIS 厂商已经向在线医患互动模式（特别是移动医疗服务模式）迈进了。

创业者们难以打破进入医院的壁垒。同时，医院内部的压力与日俱增。赵连军看到，医保在 10 多年时间里逐渐普及，对患者而言是一件好事，但同时却增加了医院的压力。随着医保覆盖面的增加，很多患者敢于去医院看病了。赵连军感受到，在 10 多年的时间里，三甲医院门诊的患者数量扩张了 2~3 倍，医疗资源的增长速度完全无法与之匹配。赵连军感叹："有的大夫一上午要看 80 多个病人，现在医生很不容易。"

据《2013 中国卫生统计年鉴》，截至 2012 年，我国共有三级甲等医院 989 家，三级医院医师日均担负诊疗人次达 8.2 次，二级医院达 6.9 次。据统计，2014 年 4 月底，三级医院病床使用率达 102.0%，二级医院达 91.5%。

随着三甲医院医疗资源稀缺性的凸显，为多家大型三甲医院服务的东华软件感应到了三甲医院的改革意愿。这一方面是来自社会和患者呼声的推动，另一方面是医院自身对提升运营效率的要求、对移动互联网技术优化患者服务的期望，真正在院墙之内萌生出来。

2013 年，东华软件开发了面向患者的应用软件"口袋医院"，以及面向医生的应用版本，将 HIS 上已有的挂号、计费、收费、导诊等功能搬迁到移动端。但是，医院并未对口袋医院做大的推广。如同存在多年的银医模式（医院与银行合作挂号、缴费）那样，仍然有许多患者并不知道有就医更便利的途径和产品。

在线医疗服务会继续受制于先天的束缚与医患沟通鸿沟吗？院墙内外的力量还在寻找新的通路。

美国在线医疗的 5 种收费模式

向药企收费：Epocrates 是全球第一家上市的移动医疗公司，为医疗提供移动临床信息参考，另外也为药企提供精准的广告和问卷调查服务，后者贡献了其收入的 75%。

向医生收费：ZocDoc 是向患者推荐医生的平台。通过平台，病人可方便地选择和预约医生，医生可得到更多病人，尤其是有医疗保险覆盖的病人。医生用户每月要向 ZocDoc 付费 250 美元，此项年收入可达千万美元以上。

向医院收费：Vocera 为医院提供移动通信解决方案，可使医生、护士与病人在专有的 HIPPA 法案规范下使用和传输信息。出于对患者信息安全的保护，院内即时通信工具必须符合 HIPPA 要求，这使得 Vocera 的产品具有一定的专有性。

向保险公司收费：WellDoc 是专注于慢性病管理的移动技术公司，产品是手机＋云端的糖尿病管理平台，患者可以用手机记录存储数据。目前已得到两家医保公司的报销，提供医保给患者。WellDoc 还与药企合作，利用药企的医药代表销售服务。

向消费者收费：面向消费者的健康移动应用，通过可佩戴硬件监测生理参数，提供移动睡眠监测和个性化睡眠指导。

让互联网革命汽车业

就汽车制造业而言，互联网的意义是解决了品牌与消费者的连接问题。消费者可以方便地向品牌提供反馈，品牌也能实现点对点的品牌宣传。而且从理论上讲，品牌与消费者的沟通可以做到"零成本"。

汽车业究竟是个什么样的行业？

国家统计局的统计数据显示，2011 年，我国规模以上交通运输设备制造企业销售产值高达 6.23 万亿元，占全国规模以上工业企业销售产值的 7.52%。交通运输设备制造业是与电子制造业、化工、冶炼等产业比肩的支柱工业产业，而汽车制造业是其中的核心组成部分。

在消费端，2013 年，我国城镇居民人均交通和通信支出达到了 2737 元，占城镇居民总支出的 9.26%。汽车是居民出行最常用的交通工具，与之相关的开销也占据了居民日常花费中非常大的一个比重。

从生产到消费，汽车业都以其庞大的体量，在我们的生活中占据了举足轻重的地位。

汽车是汽车行业最主要的商品载体，那么它的生产和流通形态又是什么样的？

工业时代造就的寡头

汽车无疑是工业时代最具代表性的商品：通过专业分工，汽车产业建立起了高效产业链集群；通过引入流水线，汽车产业将工业化生产的效率发挥到了极致。规模效应在汽车产业发挥得淋漓尽致。

规模效应带来的自然而然的结果就是寡头垄断。汽车行业经过上百年的市场洗礼，目前已经形成了寡头竞争的格局。

以销量计，中国前五大汽车集团分别是上汽、东风、一汽、长安和北汽。这五大汽车集团 2013 年的销量合计达到了 1576 万辆，市场占有率高达 71.7%。从过去 10 年的历史数据来看，它们的市场占有率长期保持在 70% ~ 75%。

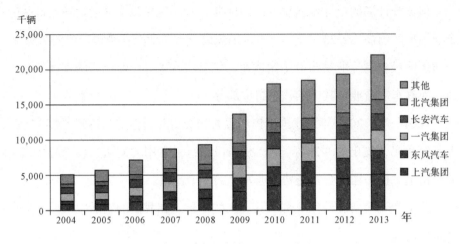

中国五大汽车集团汽车销量

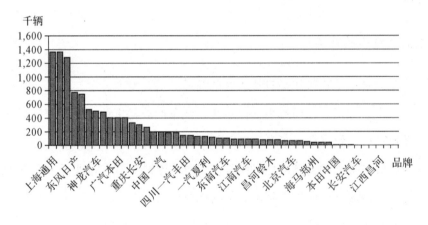

2013 年国内汽车厂商轿车销量

更进一步看，这五大龙头汽车集团的集中度仍有进一步提高的趋势。上汽集团和东风汽车在过去 10 年里的市场地位不断巩固。上汽年销量从 84.6 万辆增加到 507 万辆，市场占有率从 16.7% 提升到了 23.1%。东风汽车同期的市场占有率也提高了 4.7 个百分点，由此导致中国前两大汽车集团的市场份额从 27.7% 上升到 38.8%。

与此同时，名列第三、第四名的一汽集团和长安汽车的市场份额不断被蚕食。从2004—2013年的10年间，一汽和长安的市场占有率分别下滑了7.2%和5.7%。北汽同期的市场份额也有小幅下滑，但整体保持相对稳定。

上述趋势如果持续保持下去，中国的汽车行业或将迎来双寡头时代。

放眼全球汽车行业，同样是一个寡头竞争的市场。丰田是目前全球规模最大的汽车集团，2013年的汽车销量为917万辆，在全球范围内的市场占有率达11.1%。大众汽车的市场占有率也超过了10%。美系汽车的销量在过去10年里几乎没有增长，市场份额下滑，但通用和福特的市场份额仍分别有9.8%和7.1%。

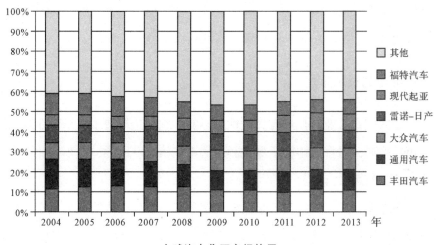

全球汽车集团市场格局

但是，如果从厂商的维度来看，汽车行业的市场集中度相对分散。2013年，中国市场排名前三的轿车生产厂商分别是上海通用、一汽大众和上海大众，它们的轿车整车销量分别为137.3万辆、137.1万辆和128.6万辆，总计在当年全国1201万辆轿车市场里面占据了33.6%的市场份额，它们也是目前国内仅有的三家规模超过百万辆的汽车主机厂商。

在剩下的约2/3的市场里面，排名第4～10名的7家厂商分食了其中近一半的市场，未能进入前 10 的 38 家主机厂商累计的市场份额只有区区 34.3%。对比顶部商家来看，汽车行业厂商之间的差距依然非常悬殊，更有大约一半的厂商年销量不足 10 万辆。

另外一个不容忽视的国情是中国汽车行业的品牌和厂商格局。目前，在乘用车行业，依然是国际品牌主导。但国际品牌在进入中国时受限于当时的政策，纷纷采取了合资的方式建厂，而且不少品牌选择了多家合资方。如大众汽车就同时与一汽和上汽合资，分别成立了一汽大众和上海大众，它们都是年销量超百万辆的主机厂商。与之类似的还有丰田、本田、马自达等品牌。所以从品牌的维度来衡量的话，中国汽车行业的品牌集中度比厂商的集中度更高。

行业寡头竞争，品牌头尾悬殊，这就是汽车行业的现状。

爆款行业里的长尾市场

规模效应是工业时代最有代表性的标签，它一边塑造了汽车行业寡头垄断的市场格局，另一边孕育了爆款频出的市场策略。因此，汽车行业成为一个不折不扣的爆款行业。

明星车型构成了一线品牌最主要的销售来源。以国内第一大汽车主机厂商上海通用为例，别克凯越、雪佛兰赛欧、雪佛兰科鲁兹这三款车型在 2013 年的销量合计达 81.9 万辆，占上海通用全年销量的 59.7%。这三款车型均进入了 2013 年国内畅销车型的前 10 名。而在上海通用其他为数众多的车型里面，只有雪佛兰迈锐宝和别克英朗 GT 销量超过 10 万辆。

其他品牌的表现也都类似。上海大众推出的大众朗逸 2013 年销量达 37.4 万辆，占该厂全年销量的 29.1%。福特福克斯（两厢/三厢）作为中国市场最畅销的乘用车车型，以 40.4 万辆的成绩为长安福特贡献了近 80% 的销量。

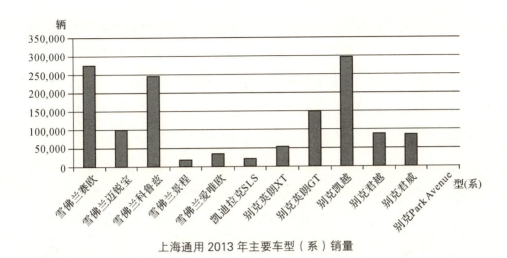

上海通用 2013 年主要车型（系）销量

2013 年中国市场分车型轿车销量

　　国际品牌凭借自身长年积累的影响力和在国际市场的沉淀，打造爆款相对容易。同时，在爆款之外，国际品牌也不乏畅销车型。但对大部分本土汽车品牌来讲，爆款的成败与否甚至决定着品牌的生死，帝豪 EC7 之于吉利汽车、长城 C30 之于长城汽车、奇瑞 QQ 之于奇瑞汽车、荣威 350 之于荣威的意义都是如此。

　　而即使是爆款，本土品牌的爆发力也远远弱于国际品牌。吉利汽车的帝豪 EC7 以 19.3 万辆的销量名列 2013 年轿车畅销榜第 14 名，成为排名最高的本土品牌车型，本土品牌无一跻身前 10 名。多数本土品牌的爆款销量不及 10 万辆，甚至达不到国际品牌普通畅销车型的销量。

另一方面，在爆款的表象下，汽车行业依然存在着一个非常大的长尾市场。

以年销量 5 万、10 万、15 万、25 万辆为节点，把上市车型按畅销度分为五大类，每一类车型的市场份额大约都为 20%。如果把年销量 10 万辆作为汽车畅销与否的分水岭的话，中国汽车行业的长尾市场份额高达 39%。而这个区间聚集的车型数量更是达到了 194 款，占全部在售车型的比例为 82.2%。大量国际品牌的冷门车型和本土品牌都在这一区间里苦苦挣扎。

为了推出一款新车型，厂商前期需要投入大量的研发和制造费用，后期还需要持续进行营销推广并搭建销售渠道（多借用现有渠道），这都会产生不菲的费用。如果销量不能达到最小经济规模，厂商就不能收回投资，并由此导致亏损。

所以，汽车行业销量的两极分化，直接导致汽车厂商的盈利呈现冰火两重天。

汽车工业的演变逻辑

热门车型淘汰冷门车型、大品牌挤压中小品牌、大型集团兼并中小厂商，这是工业时代最基本的商业逻辑，也是汽车产业长期以来的发展规律。

中国的汽车市场目前仍然保持着这种发展趋势。2008 年，中国的乘用车市场启动，在接下来的 5 年里，我国的轿车年销量从 505 万辆增加到了 1201 万辆。同期，上海通用的年销量从 40.8 万辆增加到了 137.3 万辆，市场份额则从 8.1% 提升到 11.4%。其他大型厂商如一汽大众、上海大众、北京现代、悦达起亚等的市场份额也都有提高（日系品牌的市场份额均有下滑，但这主要与国际政治环境有关）。

与之对应的是中小品牌的市场份额在行业高速发展的环境里被侵蚀，吉利、奇瑞等本土品牌的市场份额同期都有所下滑。如果不能找到突围的方向，这些品牌很容易以"温水煮青蛙"的方式被淘汰。

在相对成熟的汽车市场里，挖掘利基市场是中小新兴品牌最有效的应对策略。微型车之于奇瑞汽车、SUV 之于长城汽车、电动车之于比亚迪等，都可以看作是中小品牌从小众市场突围的成功案例。

微创新可以成就中小品牌，但是若想通过这条路径与传统巨头分庭抗礼，还是有非常大的难度。毕竟利基市场能够提供的支撑力度非常有限，这种发展路径终究还是不能改写行业寡头化的发展大趋势。

纵览全球汽车产业上百年的发展历史，在微创新之外，出现过两次可以称得上是颠覆式的创新，它们的主角分别是福特和丰田。

福特可以说是汽车工业的开创者。1908 年 10 月 1 日，第一辆福特 T 型车驶出生产线。上市第一年，这款车卖出了 10660 辆，创下了当时汽车销售的纪录。而从 1908 年上市到 1927 年停产，福特 T 型车在 19 年里总共卖出了超过 1500 万辆。因此，它成为 20 世纪汽车工业史上的一个传奇。

福特 T 型车能够风靡市场，首先是因为它极具吸引力的价格。当时市面上与之相竞争的车型的价格通常在 2000～3000 美元，而福特 T 型车的售价起初只有 850 美元。之后随着成本的不断优化，福特 T 型车的售价进一步降到了 300 美元。汽车也因此从贵族专属走向大众化、平民化。

福特 T 型车产品本身虽不乏创新，但真正让它载入史册的是它在生产方式上的革新。在此之前，汽车的生产还是作坊式的，导致生产成本高企，而且汽车零部件的规格也非常混乱。而福特大量采用通用零部件，并且创新性地引入了流水线生产，极大地降低了汽车的生产成本，提高了生产效率。

工业化、流水线式的生产对传统作坊来说是颠覆性的，这可以看作是福特 T 型车成功的最根本原因。1921 年，福特 T 型车的产量超过了全球其他所有汽车厂商的产量总和，市场占有率达到了 56.6%，可见其辉煌程度。

流水线生产很快在汽车行业普及，福特的成本效率优势不再。同时，福特在产品的创新上也乏善可陈，导致企业很快走向平庸。

汽车工业的第二次升级源于日本丰田汽车以及由它推出的"精益生产"方式。

用"颠覆""革命"这样的字眼来形容丰田的精益生产其实并不恰当。"精益生产"这个概念并非丰田提出，而是由麻省理工学院的一群专家通过对丰田的生产方式进行研究和提炼之后提出的。这个概念诞生在 1990 年，但其实早在 40 年前，丰田就已经开始精益生产的探索之路了。

很难用一句话来概括丰田的精益生产，它提出的一些思想如减少浪费、提高效率、快速响应等已经成为现代管理学的公理，具体的管理方法如库存控制、生产计划管理、流程再造、产品生命周期管理等，也并无过多创新。所以精益生产最后往往被形容为一种"管理哲学"。

但丰田的精益生产确实能够用量变引起质变的方式给市场带来巨大的影响，同时也给丰田带来了巨大的成功。1973 年石油危机爆发，日本经济受到了剧烈冲击，但丰田的业绩一枝独秀。由此，丰田的生产方式受到重视，并在日本得到了推广和普及。

到 20 世纪 80 年代，日本的汽车年产量达到 1300 万辆，占世界汽车总产量的 30%，超过了美国。同时，日本汽车也开始大举进军美国市场。虽然也曾受到贸易政策阻挠，但日本汽车还是成功走向了国际市场，同时证明了精益生产的高明之处。这也是麻省理工学院教授研究丰田模式的原因。

今天，丰田作为全球汽车制造业的后起之秀，超越福特和通用，成为全球最大的汽车集团。丰田通过精益生产的方式，将传统汽车制造业的效率发挥到了极致。从这个角度来看，丰田之于汽车行业的意义就好比 Zara 之于服装业。

通过引入生产流水线和精益生产，全球汽车工业完成了两次大的升级。但是在精益生产成熟后的近半个世纪里，当全球的经济都在经受互联网的洗礼时，汽车制造业却再无大的创新。

传统制造业真的与互联网绝缘么？

汽车产业的互联网革命

在用车领域，随着移动互联网浪潮的到来，已经诞生了可与传统汽车制造业巨头比肩的互联网公司。同时，互联网对汽车流通行业的改造也正在如火如荼地进行。但真正的互联网汽车品牌发展非常落后。

江淮悦悦应该是目前国内离互联网最近的汽车品牌，目前仅在线上销售。2011 年，江淮悦悦的销量只有 2887 辆，在全国所有的在售车型里面排名第 157 名。2012 年 4 月，江淮悦悦天猫店上线，随后销售全面转向线上，全年实现销售 13885 辆，相比 2011 年实现了大幅增长。但 2013 年，江淮悦悦的销量仅小幅上涨至 14629 辆。

这一销量离"爆款"还差得很远，甚至不及许多传统品牌通过线下渠道推出新车型的首年的销量。但考虑到悦悦在线下也是滞销车型，通过单纯的互联网销售，悦悦进一步挖掘了 4000 元的降价空间，这一尝试还是具有非常大的启发意义。

放眼全球汽车行业，目前最具互联网基因的汽车品牌当属特斯拉。从产品到渠道、从生产技术到商业模式，特斯拉都可以称得上是一家很"酷"的公司。2012 年年中，特斯拉 Model S 上市，迅速引爆了市场，一时将特斯拉推上了风口浪尖。

特斯拉的案例有助于我们理解两个问题：一是从零开始研发一辆汽车需要投入多少成本？二是互联网对汽车行业的意义在哪里？

以特斯拉 Model S 上市时间为节点，从 2005 年到 2012 年，特斯拉累计在研发上投入高达 7.47 亿美元。仅 2012 年一年，特斯拉的研发费用就达到了 2.74 亿美元，而当年公司的汽车销售收入仅 3.86 亿美元。在此之前的大部分时间里，特斯拉的收入甚至不能覆盖其研发成本。在这 8 年间，特斯拉的净亏损更是达到了 10.6 亿美元。

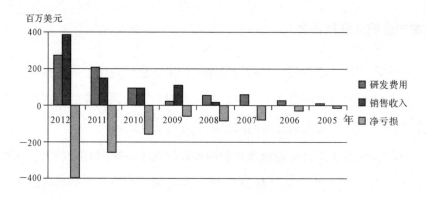

特斯拉研发费用对比

研发和亏损都可以借助资本来维持，但时间上的成本却难以用金钱来衡量。从 2003 年特斯拉成立到 2012 年 Model S 上市，特斯拉走过了整整 9 年。而即使以 2008 年第一辆 Roadster 交付为期，特斯拉也花了 5 年时间。

回顾 2003 年的汽车行业，新能源汽车的概念才刚刚萌芽。从这个角度来看，特斯拉与汽车巨头们站在同一起跑线上，而时下的环境就不可同日而语了。

特斯拉成立于 2003 年，很难想象它能在 11 年前就规划好自己作为一个"互联网汽车品牌"的发展路径。

特斯拉的渠道体系有着深深的苹果烙印。苹果向美国的零售行业输送了大量的零售人才，George Blankenship 就是其中一位。George 曾供职于苹果，深度参与了特斯拉零售体系的设计。2010 年 7 月，George 出任特斯拉副总裁，负责它的零售战略。

苹果作为一家极其成功的科技公司，运营着全球效率最高的零售体系。2013 年，苹果卖出了 1.5 亿部 iPhone、7100 万部 iPad、1600 万台 iMac 和 2600 万部 iPod，公司营收高达 1710 亿美元，但苹果在全球仅有 416 家门店，其中本土 254 家，国际市场 162 家。

苹果的零售模式可以总结为"体验店 + 全渠道"。苹果的门店虽然也具备销售职能，但是更主要是以体验店的身份存在。而苹果产品真正的流通渠道包括官网、第三方电商网站、运营商、线下专营店等所有可能的零售渠道。

苹果的零售体系之所以能够成功，很大程度上还是因为它极致而标准化的产品。极致能够带来人气，标准化的产品则对应着标准化的体验，于是体验店的模式可以大行其道。

那么特斯拉是否适配这种玩法？其他汽车品牌又如何呢？

重新审视互联网的意义

互联网本质上只不过解决了信息传输的问题。结合硬件和通信网络的发展，它正在一步步塑造万物互联（connect everything）的未来。

传统汽车行业是一个信息非常不对称的行业，这为互联网提供了广阔的应用空间。从售前咨询到售中买车，再到售后养车、用车、卖车，互联网垂直媒体、社区、工具型应用等大多都在从解决信息不透明的角度改造汽车业。

而移动互联网带来的点对点的连接正在从根本上颠覆传统现场服务的商业模式。上门洗车、上门养护、P2P 用车等均是依靠这一模式在不同场景下的应用。

但就汽车制造业而言，互联网的意义又在哪里？

笔者认为最核心的意义还是在于解决了品牌与消费者的连接问题。消费者可以方便地向品牌提供反馈，品牌也能实现点对点的品牌宣传。而且从理论上讲，品牌与消费者的沟通可以做到"零成本"。

在传统汽车行业，绝大部分车型受限于规模，都只能进行区域性销售。汽车作为爆款行业，却存在着一个非常大的长尾市场，从本质上来讲这是一种资源浪费。

那么，如果给你一个可以到达所有潜在汽车消费者的渠道，你将如何改造汽车产业？

海量的用户覆盖，体验和服务的标准化、透明化，粉丝经营，社交传播，快速迭代……这些都是互联网能提供的独特价值，也是互联网汽车相对于传统汽车行业最重要的优势。

到最后，我们还差一款极致的产品！

现在离福特 T 型车上市已经过去了整整一个世纪。在互联网时代，我们极有可能见证下一款风靡全球的汽车的崛起，而它也可能不是特斯拉。

良仓在互联网上闹了场美学革命

如果美学是生产力的话，国内有两大重要缺失：第一，在当下，它还没有进入人们的生活领域；第二，缺乏一个良性的生态系统去支撑。

山本耀司推荐的 Borsalino 礼帽、韩寒推荐的迈凯轮 MP412c 跑车、李大齐推荐的 SHM GT-750 安全帽，把它们叠加起来等于什么？

在良仓创始人陈皎皎看来，山本耀司代表了亚洲最出色的设计师，韩寒代表了赛车手对于车的理解，李大齐代表了专业造型师的搭配建议。将他们叠加在一起，陈皎皎希望带动每个领域内的意见领袖们发声，汇集成一个围绕生活的推荐指南，组合成一个生活美学平台。

目前，这个生活美学平台被分为五个部分：媒体、社区、电商、产品孵化、线下体验空间。通过媒体和电商连接的方式，陈皎皎和她的团队用讲故事的手法，搭建了一个围绕中产阶级的理想生活方式指南。

你需要什么样的推荐

7 年前，当陈皎皎与丈夫彭杨军站在上海美术馆门口，讨论着应该利用互联网做些什么的时候，两人都已经在事业上小有成绩：一个是《新视线》的主编，另一个则担任创意总监。在很多人看来，这次创业是他们的又一次"思维跳跃"。

彼时的陈皎皎是挖掘新锐设计师的"大声展"的幕后策划人，却从来没有涉足过互联网。但无疑，设计圈和媒体圈叠加的 10 年经验，成为陈皎皎创立良仓的关键。

2013 年，良仓上线。首先上线的板块是社区，用户可以在这个社区内分享喜欢的物品，并将物品图片和购买链接以及物品标价打包上传。而在这个社区内，除了用户本身，意见领袖的发声是最重要的组成部分。

创立良仓的灵感来源于陈皎皎的个人经历。

生活中，陈皎皎会向家具杂志的朋友请教家具用品的选购，向户外专业摄影师朋友请教摔不坏的移动硬盘品牌，向两个孩子的妈妈、摄影师陈漫索要母婴用品购物清单。在这个过程中，陈皎皎发现，她的此类交流都是基于朋友圈内的强关系，而每一个朋友都来自这个物品的专业领域或拥有实际使用的体验。

将意见领袖的推荐还原到生活中，陈皎皎认为，这就是口碑推荐的原始状态。与线上的达人推荐不同，这样的推荐更加基于被推荐物品所属的专业化领域。将这个朋友圈搬上良仓的社区，则是口碑效应和明星效应的双重叠加，能够更好地带动被分享物品的传播。

目前，在良仓的社区内，已经聚集了数百位意见领袖对生活方式的推荐。

给设计讲故事

"如果美学是生产力的话，国内有两大重要的缺失：第一，在当下，美学还没有进入人们的生活领域；第二，如果美学要进入生活领域，那么就需要一个生态系统去支撑。"陈皎皎认为，他们擅长的并不是靠搭建中间渠道来进行流量变现，借助互联网并采用媒体化的操作方式才是陈皎皎认为有效且擅长的盈利模式。

在上线社区的同时，陈皎皎和她的团队将媒体和电商板块融入基础框架搭建上。而媒体出身的陈皎皎则把擅长的媒体板块先于电商上线。

目前，媒体的内容输出部分包含编辑、摄影和采访等板块。日常关于美学内容的定期分享，是内容输出团队的软实力。在移动端，内容输出被放在默认推荐的板块。

艺术与设计不同，设计是解决问题的办法，而商业价值是衡量一个设计是否能够落地的标准之一。那么，如何从电商的角度去实现文化和思想的输出？

良仓的电商部分由运营和买手组成。上线半年，良仓已经聚集了500多个品牌和设计师。

品牌的来源渠道主要分为：买手采购、用户推荐和意见领袖推荐。

与"野兽派""暖岛"等注重设计的电商平台类似，良仓也采用买手制筛选入驻品牌。不同的是，陈皎皎并不想搭建一个简单的线上买手集成店，而是将良仓看作一个集约了清晰目标用户的综合平台。

把良仓对标线下商城，陈皎皎发现，每一个高端商场都会留有足够的空间给入驻的品牌进行营销推广和艺术展示。橱窗、柜台等空间，都是品牌描绘品牌故事、传递品牌价值的最好延伸空间。而把这个空间对标到良仓，媒体的作用就像是每一个品牌的橱窗，电商就是货架，购物的过程更像是逛街，"有邂逅式的相遇感"。

陈皎皎说，一些国外品牌在入驻良仓后，创始人会亲自寄来感谢信。在她看来，良仓的媒体属性和电商属性是同等重要的。在电商上线之前，媒体已经能够保持盈利，而目前这两个板块也是良仓的主要营收来源。

锁定精准用户

在良仓的电商货架上，产品价格区间在几十元到几十万元不等。显然，这并不是一个以价格为导向的电商平台。

生活美学包含了生活中的方方面面，具象到生活中的每一件物品和空间，抽象到看的书、想的事情和旅行。倡导生活方式的内容，除了设计感、实用性等概念化的词，"什么算是好"是一件非常难定义的事情。

"中产阶级对于生活品质和审美有要求。他们对设计比较敏感，有消费能力且不会从众。"陈皎皎说，良仓的种子用户形态很明显：创意行业、广告业和媒体行业从业者是最早的天然用户。

同时，这样的品位敏感人群还存在一定的地域性特征，往往在一线城市的目标用户更容易被捕捉，传播性也好。而二、三线城市虽然用户基数不大，却有极高的消费决心。

在营销渠道上，社交网络的入口对于良仓更具有转化价值。

另外，陈皎皎也会选择一些媒体渠道作为联动的合作对象，比如在情人节，邀请演员刘孜和她的丈夫拍摄短视频并设计鲜花礼盒。除了良仓本身的媒体推送，悦食中国网、土豆网等一些媒体渠道也会相互打通。

数据推动供应链

推动陈皎皎做良仓的另一个原因是，市场并不缺好产品和用户，缺少的是一个连接他们并集中输出的精准平台。

"设计师遇到的问题是找不到用户，且上游生产端不配合，导致生产成本很高，售价也就相应变高，进入恶性循环。"陈皎皎说，平台需要将用户和品牌之间的信息对接，在完成这一步之后，销量自然会得到明显提升。

销量是一把双刃剑。很多设计师并没有生产基础，一经推广，产品的生产跟不上销量，或者销量太低无法支撑生产成本。比如手作的首饰产品，每一件都是设计师亲手做的，无法快速投入量产或根据市场需求提前备货。

而在这个问题上，陈皎皎认为，良仓不仅能够帮助品牌和设计师崭露头角，且能成为真正的设计师孵化器。具体到细节，整合平台现有资源，结合后台数据为设计师做市场分析，提前把控生产环节，是最有利的合作方式。

例如，良仓近期与两位新锐设计师合作推出了一款"飞机包"。设计师提供设计，平台根据后台数据分析市场的消化能力，负责确定制作数量、选择合作工厂、承担面料订购等工作。这样的分工合作有效地规避了产销脱节的困局，最大化地提高了资源利用率，还能在无形中降低成本。

另一种有趣的尝试是，2015年，良仓的线下实体空间在北京落成。这个空间承载的职能是将内容、社区与产品的体验实体化，在与用户接触的过程中产生化学反应。同时，类似H&M邀请大牌跨界合作，推出限量款的商业联动方式，也会出现在这个空间内。

例如，良仓会邀请建筑师张永和，将他的业余爱好——写侦探小说和画侦探小说插图以及他在世界各地收集的物品，在实体空间内做成一个线下展览，配合咖啡、餐饮和实体商店，让设计师的形象立体化、多元化。

"在互联网上做一个小小的美学革命。"对于陈皎皎与丈夫彭杨军来说，良仓承载着一个理想化的职能。

一座海岛的互联网卖法

国内游现在还是搬砖的形式,哪怕是如今正红火的自由行,大部分批量生产的商家提供的也只是机票加酒店的打包产品。

大多数国人的旅游方式被形容为"放羊式",一部分原因在于旅游商,他们的运作模式仍然停留在"大自然的搬运工"阶段。

作为出境游门槛的机票、签证以及酒店住宿类产品,目前多数已经被大批发商抢占。而度假自由行中的线路产品、机酒打包产品由于进入的商家越来越多,产品同质化严重,差别无非是价格高低和服务优劣。

从行前、行中到行后分享,创业公司层出不穷,它们大多在纵深的市场上寻找切入点,而有一部分创业者试图通过横向市场的产品创新和市场细分剑走偏锋。

例如,基于目的地的深度旅游管理就为横向切入出境游市场打开了一个口子。

海岛婚拍起家

2013 年 10 月,王志豪和另外两位合伙人陈睿、翟南亚创办了悠悠海岛之家。他们起步于马尔代夫婚拍业务。这个基于海岛目的地的业务就像是标准化的旅游产品一样,采用直销和分销的形式通过不同渠道销售。

最初,悠悠海岛之家的马尔代夫婚拍产品包括婚纱照拍摄和蜜月游两个大项目,其中,婚拍时装、化妆、拍摄、制作、底片和精修成片等都是包含在其中的服务。

那会儿,团队中有三名员工常驻马尔代夫,分别是一名化妆师、一名摄影师和一名负责地接的管理人员。这个小分队成为悠悠海岛之家在马尔代夫的事业部。

马尔代夫婚拍业务做起来后，王志豪又在泰国普吉岛设立了一个事业部，只是并没有派驻团队的人员，而是找了一个当地的华人摄影师合作，由悠悠海岛之家负责接单，等用户到了普吉岛后，由当地的合伙人提供后续的服务。

找当地懂中文的华人进行合作，不但可以节省人力成本，而且不会产生语言沟通方面的问题。

王志豪解释说，出境游用户面临最大的三个问题：一是语言不通，二是饮食差异，三是交通不熟悉。所以在海岛设立事业部、在当地提供服务，是提升用户体验的一个方式。

2014 年 8 月，王志豪在斐济海岛设立了第三个事业部。那时中国和斐济还没有实现直航，所以去斐济的游客还不多。

但是在一档当年很火的亲子节目把斐济定为拍摄地后，去斐济游玩的中国游客就开始增多。王志豪的团队认为，斐济海岛向亲子游、家庭游等主题游方向发展比较可行。

从 2014 年一整年的婚拍业绩来看，悠悠海岛之家一共服务了近 500 对蜜月夫妻。其中马尔代夫事业部一个月接纳 40 人左右，每天拍摄婚纱照的数量控制在 2 对新人以内。

婚拍产品的用户来源于三个渠道：一个是在 OTA（Online Travel Agent，在线旅行社）那儿预订过来的，一个是从旅行社购买的产品，还有一个是婚纱影楼推荐来的。

这三个 B 端渠道带来的 C 端用户数量很稳定，很多时候悠悠海岛之家的婚拍业务是作为 B 端渠道机票和酒店产品的附加服务存在的，或者说是打包在其他商家海岛游产品当中的内容。

而在 2014 年下半年之前，他们还是自己在采购机票、酒店产品，搭配婚拍业务出售给 C 端消费者。

"大交通"带来的资金压力

王志豪介绍，悠悠海岛之家创办半年后，开始感受到产品业务端带来的资金压力。

这个压力主要来自于机票和酒店两个业务端，这两个被王志豪称为"大交通"的产品在市场上的竞争最为激烈。

婚拍业务起步时，悠悠海岛之家除了提供拍摄、制作等服务，还提供订机票、酒店等业务。因为很多对海岛婚拍产品有需求的用户，必然要购买往返机票和酒店产品。但也是这两个产品在预售端面对的资金压力促使悠悠海岛之家进行业务转型。

因为出境游市场上出售的产品，除了旅行社甩卖的尾单，绝大多数都是预售类产品。用户即便有说走就走的欲望，但依然会受制于出境游的门槛，比如签证和机票等。

航空公司一般会提前30~45天制定每个季度的收益规则，如果旅游商家想要让自己的产品在价格上更有优势，就需要提前向航空公司进行切位购买。

同样的，如果想让酒店价格有竞争优势，也需要有提前控房的能力。目前，切位购买与控房都需要支付高额的保证金，仅机票切位就需要约30万~50万元保证金。

这就是为什么很多做直接采购的旅游商最终受挫的原因。在流动资金被大量占用的情况下，如果不能把直接采购的产品全部售卖出去，或者售卖得太多导致航空公司和酒店方出现问题，损失多半是由旅游商自己承担。

考虑到流动资金的压力，悠悠海岛之家在2014年9月把"大交通"这块的机票和酒店直采业务进行了弱化和去除。

悠悠海岛之家的定位开始转向海岛目的地产品的供应商、服务商。他们去除了竞争最激烈的机票和酒店业务，开始横向在目的地搜寻碎片化产品，如包括婚拍业务在内的租车、机场接送、中文导游、出海、海钓、潜水、飞行体验、美食等海岛目的地一日游游玩项目，并根据中国消费者的特点研发新产品，然后提供给 C 端用户。

保证碎片化产品的供给比预订机票和酒店要轻松。王志豪举了个例子，即便是预售的潜水项目，每人的价格为 300 元人民币，那么 1000 人的预订量也只是先支付 30 万元，较之预订机票要轻松很多。

国内游现在还在采用"搬砖"的形式，商家把旅游资源"搬运"给消费者看。

撇开跟团游不说，哪怕是如今正红火的自由行，大部分批量生产的商家提供的产品也只是机票加酒店的不同打包形式。只提供"住行"，不管"玩"的事项。

纵深线条上的商家一多，产品同质化就严重。所以悠悠海岛之家试图做目的地的深度服务和精品体验感。

他们的产品推新过程是：员工先去海岛目的地寻找、体验产品，然后合作研发出自己的产品，卖给 B 端和 C 端。

除了碎片化的产品，悠悠海岛之家还主推主题性的旅游产品，比如飞行主题、出海体验主题或者夏威夷蜜月之旅、斐济亲子之旅等。

但无论是海钓产品还是飞行主题的亲子游产品，这些都是非标准化的产品，需要团队和当地旅游景点进行深度合作。

现在悠悠海岛之家的产品已经扩展到 10 多个国家，较为成熟的海岛是马尔代夫与斐济，如果有资本介入，海岛目的地的事业部将会增加至 8 个。

目的地的流量入口

非高端人群很难获取定制化的旅游服务，所以在价格趋同的情况下，很多海岛游产品同质化严重。尽管机票、签证是用户流量的门槛，但王志豪认为，目的地也会是流量的大入口。

悠悠海岛之家转型为目的地系统管理服务商后，服务商属性与供应商属性共存，使得它和OTA等商家之间既有微妙的竞争关系，又是它们的资源供给方。这种合作大于竞争的模式，保证了悠悠海岛之家产品的销售渠道。

以B端来看，悠悠海岛之家的合作对象有三类：第一类是穷游、蚂蜂窝等较为精准的攻略类UGC（User Generated Content，用户原创内容）网站，第二类是一般的OTA，第三类是旅行社。

以C端直接销售来看，悠悠海岛之家有自己的官方网站、天猫店铺，也通过百度进行导流。

在和B端商家的合作中，悠悠海岛之家和OTA的合作是将碎片化产品和OTA的产品打包后出售。

尽管OTA在海岛当地有很多分销商，但悠悠海岛之家在马尔代夫和斐济设有事业部，在价格上有优势。OTA中，悠悠海岛之家和携程目的地事业部、去哪儿目的地事业部、阿里旅行去啊等合作较多，其他平台账期太长是目前无法合作的一个原因。

订单来源中，OTA的订单最多，其次是婚纱影楼推荐来的用户，购买旅行社打包的全套产品的用户排在第三。

在和穷游、蚂蜂窝等精准UGC网站的合作中，通过跳转和链接进入悠悠海岛之家官网的用户流量很大，它们会以返佣或者利润分成的方式进行订单转化的结算。

王志豪透露，尽管百度导流的实时转化率非常高，但是由于成本居高不下，他们停掉了导流业务。从2014年的销售占比数据来看，从UGC网站跳转和百度导流过来的订单转化率在90%以上，这部分C端用户占到了他们全部C端用户的80%以上。

做海岛游的创业公司有很多，爱旅海岛、海豚哆哆等创业公司虽然也在卖海岛游产品，但它们主要依靠服务和价格上的差异来实现订单转化。而对悠悠海岛之家来说，去除了机票和酒店业务让他们的步伐更轻盈。

尽管途牛以资本优势占据了大约30%的海岛游市场份额，但王志豪认为，当他们扩展的市场基数够大时，线下就能反哺线上。为此，他还在马尔代夫投资了水上活动中心，打算未来做一个潜水部落或社交类型的平台。

悠悠海岛之家2014年的销售额为2000万元，其中婚拍业务占到了40%，毛利在20%~30%。

目前悠悠海岛之家正在寻求融资，他们希望当资本进入后，能够加快自己的移动互联网进程。

悠悠海岛之家计划在开发了至少3~5款精品体验路线之后，再上线自己的App。到时App就是一个即时预订工具，用户可以从后台的资源库中实时预订、修改自己想要的游玩项目。

届时，他们会和目的地的碎片化产品一起进行包装，或者在签证处做推广活动，从目的地获取优质精准的用户。

第二章 电商变现难题

实物电商在大众消费市场中一路高歌猛进的同时，娱乐业这一市场体量巨大的产业却仍在尴尬地思考变现问题。另外，如返利、比价等类型的电商导购平台，虽然吸引了大量的入口流量，却也面临着用户流动性大以及价格敏感型用户有限的难题，行业增值前景堪忧。虽然面临着这样那样的困难，但一旦完成大环境的塑造，这些产业、平台的电商化前景依然广阔。

尴尬的变现难题

娱乐衍生品的收益遵循的是其所在行业的规律，并不仅仅与内容本身相关。这也是很多能够制作好内容的媒体、制作公司难以与电商接轨的原因。

娱乐产业与电商的结合给人很多想象空间，但真正契合本土市场的模式创新一直没有出现。特别是实物类电商，在与娱乐资源融合的过程中，尚未碰撞出人们所期待的火花，反而制造了一批"先烈"。

难以复制的迪士尼

从娱乐内容的视角看，商业往往是对娱乐的一种衍生。在关于娱乐衍生品的话题中，业内人士屡屡提起难以复制的迪士尼。

"迪士尼绝对是一个经典。"嗨淘网总经理孙振坤注意到，迪士尼开设了专门的电视频道传播动漫节目，并和线下主题公园打通，以玩偶为代表的动漫衍生品可以在迪士尼乐园落地。同时，这些产品的形象可以授权到更多的品类，例如玩具、服装、文具等等，迪士尼由此赚取大量授权费用。

迪士尼影片的衍生收入同样不俗。乐视网副总裁刘刚认为，美国大片票房收入约占总收入的 50%，另外的 50% 来自衍生品等其他收入。而迪士尼影片的其他收入可以占总收入的 60% 以上。值得注意的是，这个数字并不包含迪士尼乐园的收入，而是来自图书、玩具等衍生商品。

欧美很尊重版权，以迪士尼产品为代表的衍生商品销售周期很长，单品利润非常高，孕育了成熟的娱乐衍生消费市场。一位业内人士断言，与之相比，国内衍生品产业落后了至少 20 年。

当娱乐衍生品模式被复制到国内时，却遭遇了滑铁卢。刘刚注意到，国内公司曾试图获得国外最好的衍生品权益，包括迪士尼和日本动漫，但却受到了盗版的冲击。当它们在电商平台上寻求出路，到天猫、淘宝开店时，电商运营和供应链管理成了它们的短板，最后输得片甲不留。

而国内手握影视内容与产业资源的电影公司和院线，对于衍生品并不重视。刘刚曾发现，北京一家影城原本在售票处旁建了 100 多平方米的衍生品商店，现在却搬到了地下一层，收缩为两个柜台，且营业员时常消失，显见销售乏力和经营不善的问题。刘刚感慨："非常多的资源浪费了，挺可惜的。"

而在电视领域，像湖南卫视这样手握优秀资源的电视台，衍生品方面的相关合作更多是基于广告客户。它们会展开一些与品类相关的衍生品开发，但并不是由电视台主动引导，而是常常作为广告销售的附带政策。此外，衍生品开发还受限于权益。因为很多电视剧相关权益往往并不在电视台手里，而在出品公司手中。

娱乐变现仍处于初级阶段

虽然衍生品产业在国内持续低迷，但随着互联网的持续冲击和电商的崛起，让娱乐产业有了新的期待，引起娱乐产业参与者的注目。

刘刚发现，越来越多的导演对于作品与互联网的结合有了概念，但他们大多考虑的是基于社会化营销的结合，而不是电商。"导演和编剧到底是不是产品经理？"刘刚追问。同时他也发现，虽然很多导演已经意识到了内容商业化的价值，但是不具备产品化的能力。与之对应的是，《变形金刚》系列电影导演迈克尔·贝曾是优秀的广告导演，他对于商业应用有着清晰的认识。

明星、艺人希望将自身的受关注度转化为商业价值，开发周边产品成为其中一条路径。相较娱乐产业的其他环节，他们较早对电商做出了积极的尝试。阿里巴巴集团市场部娱乐营销负责人正我做了淘宝最早的明星频道。他说，明星们对于线上开店、打造自己的品牌很有兴趣，但是往往忽略了商业化的实现过程。对此，明星普遍没有操盘经验，即使有团队来合作，他们的关注点也往往集中在自身热度上，认为只要自己很红、有很多粉丝，就能卖货。

正我注意到，粉丝、消费者可能会因明星效应第一次购买产品，但仅靠明星效应很难持续。"这是一个衰减的过程，而且衰减得特别快。"正我分析，仅仅将艺人的受关注度和商业结合，目前并没有成功的商业模式。这其中缺失了关键的一环：内容。例如，金秀贤的走红是因为电视剧《来自星星的你》当中的角色都教授深受欢迎，都教授就是电视剧的内容。消费者不会光看明星脸而买单，而是想要体验自己感兴趣的东西。因此，只有持续地提供优质内容，明星的商业层面才会更加丰满。

内容的核心地位日益凸显。随着影视内容的发展，国内市场逐步出现了几种围绕内容的衍生品形式。湖南快乐淘文化传播有限公司董事、总经理，嗨淘网总经理孙振坤表示，文化产品衍生、互联网产品衍生、形象授权是目前比较主流的衍生品形式。而传统的实物衍生品由于收益小、链条长等问题，并未有长足发展。

与之对应的是非实物类衍生案例的出现。《爸爸去哪儿》第一季播出后，湖南卫视没有做任何实物衍生品开发。大电影票房、手游、形象授权为湖南卫视带来了不菲的收益。但是，像《爸爸去哪儿》这样的案例难以复制。《中国好声音》《花儿与少年》《花样爷爷》等收视不俗的综艺节目也开发了大电影、手游，并未实现《爸爸去哪儿》衍生品的商业成功。在孙振坤看来，衍生品的收益遵循的是其所在行业的规律，并不仅仅与内容本身相关。这也是很多能够制作好内容的媒体、制作公司难以与电商接轨的原因。

下一站模式

内容元素与产品简单结合的商业化模式，在一些业内人士看来仍然处于初级阶段。互联网和移动互联网为娱乐产业赋能、创造新模式的可能性，是产业中一些新角色关注的焦点。

娱乐产业的单一环节难以打通娱乐与商业的链条，这需要足够的资源和调动能力。什么样的角色能够承担？事实上，更加市场化的角色逐渐出现在盘活娱乐商业化链条的队伍中。

2010 年嗨淘网上线，两大创始股东阿里巴巴、湖南卫视对嗨淘网提出了"探索电视与电商融合互通的创新商业模式"的战略使命。孙振坤回忆，嗨淘网出品制作的生活服务类节目《越淘越开心》登陆湖南卫视，希望与嗨淘网实现品牌互通、流量互通。但是，《越淘越开心》带给嗨淘网更多的是点状的流量增长，并没有形成可持续的成功模式。并且，用户从电视机到PC 端的应用场景还存在着不小的距离需要逾越。

在嗨淘网探索电视、电商互通模式的过程中，互联网对电视传媒的影响持续加深，视频网站的崛起在分流电视观众，社交媒体与电视的互动效应也在显现。同时，一些优秀的电视节目制作团队也走到了体制外。电视台对于创新模式的渴求被提到了一个高点。

而以乐视网为代表的互联网公司，在影视出品、发行等领域崛起，与娱乐产业的传统角色相比，互联网基因为模式创新打下了基础。

同时，阿里巴巴向娱乐产业进发的战略，也使得天猫这样的电商平台正积极寻求与娱乐产业的融合。

接下来我们将看到，诸多新角色的出现为娱乐内容的商业化创造了更多可能性。

返利：商业价值再定义

返利网站在登场之初，利润相当可观，加上准入门槛低，导致返利大军一路膨胀。

返利，本质上是一种导购模式。简单来看，就是把商家分给返利网站的广告费拿出一部分来作为让利分给消费者，并美其名曰"返利"，自己赚取其中的差额部分。

"返利网站具体就是 CPS(按销售效果分成) 的一种细分模式，网站可以理解为一个商品搜索导航，返利网站通过会员的消费记录获得合作商家的返点，再把返点的一部分留下作为公司盈利，一部分返给消费者。"易观国际高级分析师陈涛这样解读。

在国外，返利的发展史要往前推移近 15 年。

成立于 1998 年的 Ebates 是全球最大的返利购物网站。Ebates 的会员迄今已经通过大约 2700 家电商网站，累计取得超过 2.5 亿美元的返利金额。加盟的电商通过返利、特别促销、免运费和 15000 个优惠码吸引会员消费购物。任何消费者都可以免费加入全员并获得其每笔购物金额的一部分作为返利。

而另一家代表性网站 Fatwallet 在 1999 年就已经是一家可提供上百家电商优惠券的网站，并在 2000 年就已经对购物用户进行返利。

2004 年，返利模式进军中国电商市场，易购网成立，起初是为用户提供以导购资讯为主的购物社区，后逐渐转型为现金返利模式。2006 年，51 返利网（后改名为返利网）成立，直接立足于为 B2C 用户提供现金返利。除此以外，还有 QQ 彩贝、51 比购网、返还网、秀当网、PC 蛋蛋、360 返利、天天易购返利、减购网和购物人网等几十家大大小小的返利网站。

从现金返利到导购类目

早期，返利网站基本可以算作众多淘宝客中的一种：帮助淘宝商家推广，然后商家给予淘宝客一定的提成；而与其他淘宝客不同的是，返利网站把淘宝客的收入返还给消费者，帮助消费者省钱。

返利模式最初登场时，是用现金返还给消费者的形式博取眼球，并以此吸取流量，这一形式和现金直接挂钩，利益伸手可及。

时间回溯到 2010 年下半年，各种返利网站风生水起，消费者只要通过返利网站的链接登录网上商城，完成购物后，就可以获得返利网站的提成，当时的返现力度在 3%～20%。

在利益的驱使下，返利行业一度催生出各种形式的变体，并被外界"妖魔化"为传销水军。

2012 年，浙江、福建两地陆续传出一系列返利网站崩盘或被查处事件。其中，浙江亿家电子商务有限公司及其旗下的"万家购物"返利网站涉嫌传销而被查处。

传销返利网站崩盘事件被媒体广泛报道后，对这个行业产生了极为巨大的负面影响。最直观的影响来自于新增注册用户数层面。许多返利网站的新增用户和流量都出现严重下滑。

从商业逻辑来区分正规返利网站和传销类返利网站，可以发现两者的本质区别在于：前者是帮用户省钱，而后者则是拉下家赚钱。

在太平洋直购网、万家购物网等网站相继被曝光后，一些平台开始叫停现金返还的模式，然而，失去返还的现金优惠，返利网站存在的价值开始遭到质疑。

从返利网站目前的存在形态看，现金返利已经基本退出竞争行列，导购类目网站成为返利网站的一个发展趋势。

精准促销的生态升级

消费者作为返利生态链最终买单的一方，直接或间接地牵动行业发展方向，最容易被聚焦，因此首先要对消费者的购物欲求进行划分。

精准促销的价值就在于把商家需要传递的信息通过可量化的精确市场定位，细分出不同的用户群体，把商家希望传递的信息送达到个人。

返利网站的商业价值是通过返利的机制过滤出对价格敏感、购物活跃的消费者，进行精准促销来节约成本。返利网站市场占有率降低，说明一部分价格驱动型用户已经逐渐被挖掘。而这部分对价格敏感的消费者其实很容易被区分：哪边价格低就跟着哪边走，对商品的要求明确，对价格的考量排在质量和服务之前。

流动性大是这类流量用户的最大特性。由于这类用户是价格驱动型，而一个返利网站不可能把所有价格最低的商品都汇聚到自己的平台上，所以光打价格战，只能暂时吸引这部分用户驻足。对于需要靠流量来扩充平台的商家而言，这样的流量容易满足却不容易留住，没有黏性也就无法长久，自然会质疑返利网站给他们带来的这部分流量是否健康。

"健康的流量对于我们而言，就是一个没有预期购买商品的消费者。"这是随手优惠 CEO 付强对健康流量的定义。作为渠道方的随手优惠，背后的技术支持来自早期开辟阿里云时的团队，这支一开始就规模不大的团队在 2015 年才正式成立公司。

值得一提的是，作为一支做返利优惠的线上团队，其 2012 年的交易额在 7000 万元左右，2013 年迅速增长到 3 亿元。在整个行业内，这个数字算不上最高，但背后的价值值得一窥。

随手优惠转型

2012 年，"随手优惠"加入阿里妈妈的淘宝客体系。与一些返利网站不同的是，随手优惠一开始就认准了无线的发展趋势，选择在移动客户端上发力。

早期，随手优惠照搬了 PC 端的返利模式，通过推广，该应用逐渐积累了一批达人导购。其间，淘宝的几次政策调整以及一些同行因为技术不成熟而遭遇的问题令 CEO 付强时刻警醒着。

由于返利网站类似 CPS（Cost Per Sale，以实际销售量来计费）的引流模式是按照效果计费，而返利网站从商家处获得提成也有一定的账期，因此早期的返利几乎毫无例外地都存在拖账期和设门槛的特点：消费者的消费返还款项需要达到一定的数量并经过一定的时间才能申请提现。

而随着行业竞争越来越激烈，一些网站出于改善用户体验的考虑，开始尝试垫付资金让消费者提现。曾有店铺设置很高的返利佣金，然后冒充买手去返利网站购买商品，确认收货之后便获得了返利网站事先垫付的佣金，而该店铺则随之消失，返利网站追债无门。

针对这一系列问题，随手优惠在 2014 年 9 月对 App 运作规则进行了一次颠覆性的调整，弱化了广告平台的作用，并停止了简单粗暴的返利方式，把现金形式的返利改成一套完整的用户奖励机制，从过去的"重交易的奖励逻辑"转变为如今的"重行为的奖励逻辑"，根据用户在线时间、购物积分、购买特性等一系列消费行为，通过自己设计的一套算法，把优惠转换成各种形式。例如，消费者可通过购物获取集分宝，再通过集分宝换取各种意想不到的商品，甚至是一台电视机。

在这一系列变革过程中，随手优惠的奖励行为逐步变得与商品价格体系、佣金体系完全脱钩，用户进入一个类似会员权益的回馈机制之中。

"我们不是一个简单的工具类应用软件。"付强觉得把随手优惠简单地定义为工具类应用软件是片面的。调整后的随手优惠在返利类软件中更偏向整体类目导购的平台，在弱化广告作用后，就需要靠优惠形式和商品来吸引流量。优惠形式万变不离其宗，而商品的选择是一个导购类平台给消费者最直观的印象。

目前，在随手优惠人数不多的团队中，一半是买手，可见其对商品采购这一块业务的重视。买手选择的商品直接和商家挂钩，而商品的好坏，直接决定了会吸引哪一部分用户停留。买手的品位和公司的品牌定位都需要明确，这是一个需要磨合并寻求突破的重点。对于买手的培养，更多的是注重个人对于品牌价值的认识。无论是对某个商家品牌或者随手优惠的自身定位，在实际操作中都需要寻求一个平衡点和一个标准。这个标准无法量化，却要烙印在每个买手的行为准则中，并严格执行。

"探索一个和商家合作的成熟模式是我们今年的目标之一。"付强坦言，在和商家的合作过程中，目前并没有形成一个完整成熟的合作模式。毕竟这是一个年轻的团队，而商家都已经过一定的发展阶段，形成了其固有的属性，双方在品牌认知和带动消费者转型的理念上需磨合，并加深彼此对于返利概念的认可和理解。

多元化和精细化

米折网 CEO 张良伦获取第一个 10 万用户只花费了不到 3 个月时间。米折网成立初期，张良伦让利消费者，打出"返利高，速度快，门槛低"的口号。普通返利网站给 5% 返利，米折网能返利 10%。返利行业普遍要求满 50 元才能提现，但米折网降低了返利门槛，用户账户中有 1 元钱当天便能提现。

这项举措让米折网快速发展出 10 万名用户。为此，张良伦也承担了更多风险，为用户垫付了不少返点资金。

但 3 年来，米折网的盈利结构在悄悄发生着变化，2013 年年初的月销售额为 1.8 亿元，其中返利业务占 70%；2014 年年初的月销售额为 5 亿元，返利业务占 40%。"尽管返利业务的占比在下降，但是我们的销售额仍然在增长。"张良伦透露。阿里妈妈再一次进行规则调整，旁人虽看着心急，行业内却似乎都很淡定。

抛开外界那些纷纷扰扰的质疑，真正考验张良伦的其实是如何满足消费者越来越多元化的需求。他在米折网上试水团购、导购以及折扣商品的招商等，甚至在米折项目上线 1 年之后又上线了一个名叫"米券"的优惠券项目。

从表面数据来看，米折网的流量远不及业内一些知名导购网站，但其盈利能力却毫不逊色，这意味着返利网站 CPS 的转化率要远高于纯导购网站的 CPC（Cost Per Click，每点击一次计费）模式。

张良伦认为，返利网站的存在有其价值：不仅推动了商家发展，为消费者提供了优惠，还扩大了平台影响力，是一种三赢模式。只是行业的整体方向摇摆不定，上下游的不确定性大，细节到流量问题以及渠道的规范化，都是要一路走一路解决的问题，这不是一两个人跳出来发声就能摆正的。返利作为一个边缘性的中间业务，米折网希望在这么多不确定性中求发展。米折网不打算把这个平台铺得更大，而是把优惠这个鸡蛋用更多的形式往更多的篮子里面放，特卖就是其中之一，加上刚上线的贝贝网，米折网把专注的一点发散成面。

早在 2006 年就成立的 51 返利网（后改名为返利网），算是返利网站的先驱之一。从最开始依靠现金返利发展至今，并没有被巨大的现金流诱惑，而是稳步发展成为一家拥有 300 多名员工、4000 万名在线用户和每日 UV 达到 400 万的返利网站。

返利的形式在断开现金返还之后，发展空间就被极大地压缩，返利网从2013年开始，以"超级返"这个频道为突破点，向导购类网站转型。"超级返"的形式简单直接，每日更新几十家品牌的"今日品牌"和"每日限量区"都是常规形式。这一次转型，返利网把眼光对准天猫商城，"天猫在商品品质和服务上比淘宝C店等有更高的要求。"返利网CEO葛永昌认为，把眼光聚焦到天猫商城并非偶然，借助天猫在商品品质上一贯的严格把控，在按类目区分商品的同时，把品牌属性带入其中，让导购品牌化。毕竟返利网站只是作为一个渠道方进行运作，而天猫对店铺服务的约束，可以更好地为返利这一渠道打下良好的口碑基础。

电商市场在升级，消费者的消费理念也需要跟上节奏。以往的返利网站只追求流量，没有把用户维护做得很好，价格敏感型用户一多，网站大方向很容易被带偏。

在提倡精细化运营的今天，返利网决心把品牌导购这一理念潜移默化地灌输给用户，帮助他们在消费习惯上升级。他们与天猫合作的方式，是直接与品牌店家沟通，店家不需要调整原本的价格，佣金的部分已经包含了商品的折扣。"这样做不会破坏原本的价格体系，维护了价格体系的健康。"葛永昌说。

对于商家而言，这样做在给店铺造势的同时又增加了利润空间，简单实用，商家也能更专注于商品品质。对于渠道而言，则是一个口碑积累的过程。双方互为推动力。

渠道方能很好地和商家、平台通力合作，返利环境会被提升到注重品质和服务的层次，眼光落到远处，返利网和阿里巴巴希望在今年下半年共筑一个平台，让返利利益链上的商家、消费者联系得更紧密。

阿里巴巴这次调整规则，对于返利网站的固有模式是一个不小的冲击。一部分用户已习惯了原来的操作流程，重新培养用户习惯需要耐心和时间，会提高输出成本。对行业而言，改变也没有什么不好。这种改变玩法的规则调整，势必会淘汰很大一部分小返利网站，在成千上万的返利网站中，不乏投机取巧者。

阿里妈妈品牌策略部专家燕横表示，阿里巴巴的初衷是为了让返利这个渠道更好地配合平台的运营，为这个渠道修枝剪叶，提高商家的参与度。只有大环境健康了，各方才能更好地手拉手一起前进。沉下去才能浮起来，跳出去，也许能看到一些新气象。

第三章　碎片化的电商市场

在卖方市场产品极大丰富、产品同质化日趋严重的情况下，消费者需求随着态度观念、生活方式的不同不断分化，商家不得不开始根据消费者的需求对产品进行创新，市场碎片化时代应运而生。同时，随着产品供应商与消费者的互动更加频繁，只要能抓住消费者需求，生产个性化产品，便能迅速占领一片分众市场。这对商家来说，既是挑战，也是机遇。

婚庆 O2O：碎片市场的在线逻辑

目前，大多数婚庆类网站仍将网络视作获取流量的一大渠道，而它们的流量获取方式，大多侧重于百度竞价等较为传统的方式。

在外界的想象中，婚庆是个高客单价、高毛利的行业。一场婚礼筹备下来，总花费少则几万元，多则几十万元。但在婚庆产业链的婚礼策划、婚宴、婚纱摄影、婚戒这几个链条中，大多数网站都并未实现盈利，例如婚宴预订网站喜事网、到喜啦，而定位于婚纱摄影环节的八月照相馆，净利润率不到10%，和"暴利"相去甚远。

对于不赚钱的原因，喜事网 CEO 巫凯南认为这些婚庆网站"对行业提供的价值还不够大，需要创造更大的价值来获得相应的利润"。巫凯南所说的价值很好理解：首先是用户一端，对于绝大多数用户来说，婚宴是一次性消费。婚庆网站一旦服务完用户，也就意味着双方关系的终止。因此，婚庆网站永远处在不断吸引新流量、赢得新客户的逻辑之中。

用户二次开发

目前，大多数婚庆类网站仍然将网络视作获取流量的一大渠道，而它们的流量获取方式，大多侧重于百度竞价，或依托一些线上的分类信息平台来获取曝光。从整体上看，流量获取成本高昂。

正因为如此，大多数婚庆网站都意识到要进行用户的二次开发。以喜事网为例，该公司从今年开始，在婚宴的前端和后端都增加了投入。在前端的婚庆策划上，喜事网推出了种类众多的服务；后端则延伸到婚纱摄影、挑选商家合作等，以求为用户提供一站式服务。

从单一业务切入，向上下游延伸，提供综合性的整合服务，是许多婚庆网站发展的历程。回顾婚庆行业的发展史，会发现这一领域有大量的灰色地带：由于许多婚庆机构提供的是纯中介性质的服务，导致大量信息被垄断在机构手中，价格的透明度极低。最初，有资源整合能力的人只要拉上几个朋友就能搭建一个"婚庆咨询"的草台班子。据了解，这样的草台班子往往和一些区域内的餐饮企业及酒店的销售经理联手暗箱操作，在菜品上做文章，前者获取了最好的档期，而后者获得了高额回扣。在这个过程中，业务对于渠道拓展的要求极高，而真正的服务反而被忽略了。

互联网的出现，极大地提高了信息的透明度，也促使喜事网这样带有中介性质的网站沉下心来做服务，以便在 B（商家）、C（客户）两端赢得更大的话语权。

对 B 端，喜事网的价值主要取决于带来的订单数量。巫凯南这样比喻订单量和酒店的关系：预定量达到酒店全预订量的 5%，酒店对你才有认知；10%，它们开始重视你；15%，变得喜欢你；20% 的时候，则会张开双臂拥抱你。当问起目前喜事网处于哪个阶段时，巫凯南没有正面回答，"不同酒店给的回报不一样，有的占比 30%，有的占比不到 5%"。而对于喜事网能从酒店获得多少佣金的问题，巫凯南称行业处于敏感期，暂时不便透露，但有一点可以透露：喜事网目前从酒店拿到的返点，相比 2 年前已经翻倍。

从 B、C 两端去理解"价值不够大"这个命题，基本可以得出为什么垂直的婚宴预订很难赚钱：至少在现阶段，不少婚庆类网站对 C 提供的服务还不够多，也无法为 B 带来大规模的订单，没有大规模的订单，就意味着话语权的缺失。

流量的逻辑

"淘宝、京东上来一个客户，我是赚钱的，而如果是百度转化来的一个客户，我还要算一下这个客户的订单到底赚没赚钱。"

谈到流量成本，八月照相馆渠道部经理刘北航表示，通过搜索引擎导入客户的成本非常高，而在总订单量中，搜索引擎导过来的客户占比约 50%。不夸张地说，婚庆行业的网站对搜索引擎有很强的依赖性。这种强依赖性，也使得婚庆行业看似毛利高，但成本更惊人，其中流量成本就占到了 25%~30%，其次是人力成本，相形之下，原材料成本占比反而是最少的。"八月照相馆现在每天给百度约 5 万块钱。"刘北航说。

"降低营销成本最好的方法就是老客户的口碑传播。"刘北航坦言，靠搜索引擎买新客不仅贵而且低效，如果能发起老客户介绍，不仅可以降低成本，也能减少很多服务成本。"一个老客户在我们这里拍完婚纱照后，推荐他表弟过来，他表弟到店直接选套餐交钱就行了。"因为在老客户推荐的环节，新客户已经对八月照相馆建立起了初步的信任。

八月照相馆也会对老客户进行重新挖掘，比如定期举办老客户答谢会、送礼品活动等，希望通过情感交流，来激活原有的客户。

由于婚庆行业的客单价极高，单笔的成交额可达到几千元甚至上万元，除了八月照相馆与老用户沟通来获得口碑的方式，也有婚庆企业直接采用推荐就返现的方式来激励用户进行口碑传播。

"行业最难的问题还是用户来源。"对于流量的问题，巫凯南也表达了同样的观点。巫凯南认为，在产品体系完全打通的情况下，只要能源源不断地获取用户，并且将获取成本逐渐降低，企业经营就可以良性发展。"用户来源最优的方式就是口碑，口碑的来源是信任，信任源自你的产品和服务。"

为此，喜事网采取了不同的策略，他们开始尝试鼓励用户在网站发表场地评价，让其他用户看到更全面的婚宴酒店信息。网站开通的图文点评版块，目前点评信息已经累计达到30000条。除此以外，喜事网也将打通后台，引导一批专业的婚礼策划师、婚礼设计师和花艺师来撰写稿件，从专业角度分析一家酒店举办婚礼的优劣势。

非标品的标准化管理

由于婚庆产业链长，客户对服务要求高，从业者不得不去思考标准化这一问题。

在婚庆的各个不同环节中，标准化的难度各有高低，和婚纱摄影相比，婚宴预订的标准化程度相对高一些。"时间、区域、来宾数量、价格，这四个要素是最容易实现标准化的。"巫凯南表示，不仅同质化的需求可以进行标准化归类，个性化的需求同样可以进行二次归类，将其标准化。

比如，一个用户要预订某五星级酒店作为婚宴场所，这个看似个性化的需求，其中是可以提炼出一个标准化的要素的。"客户提出这个要求后，我们往往会让他回去先征询一下父母的意见。"巫凯南说，由于五星级酒店的宴会厅一般在地下一层或二层，年轻人可能不太讲究这些，但老人往往比较在意。"我们替客户着想了之后，就避免了很多麻烦，信任的基础也就这样建立了。"

在巫凯南看来，婚庆中的很多注意事项，大多数新人并没有经验，而这正是喜事网这样的婚庆服务商的价值所在。

对八月照相馆来说，其标准化的难度比婚宴预订要更高一些。如果说婚宴酒席还算是相对透明、方便比价的产品，婚纱摄影则是一个不好比价的产品。"很多小的影楼，样片都是买别人的。"刘北航说，买卖样片的行为在婚纱摄影行业是一个众人皆知的潜规则。比如一家在北京比较知名的影楼，可以偷偷把自己研发的样片卖给天津的影楼，天津的这家影楼则可以借样片宣传自己。而事实上，这家影楼的拍摄水准要比样片差得多。

产品质量的参差不齐，使得消费者难免对这个行业没有好感，并为其贴上"暴利"的标签。要解决消费者的信任问题，光有好产品是不够的，还要有标准化的服务流程。为此，八月照相馆率先在业内推出拍摄不满意无条件重拍、重拍不满意无条件退款、拍摄服务过程透明消费等承诺。

劳动力密集型的服务体系

"顾客拍照前30天、7天、3天、1天，都会收到八月照相馆的提醒和建议。"拍完照片后，片子出来了，如果顾客在规定的时间没来取，八月照相馆要电话和顾客沟通，因为如果在婚期前客户没把样片领回家，就会少了与亲朋好友分享照片的机会。再比如，一个套系里面有四个挂件，八月照相馆会建议客户如何摆放，哪个适合挂在客厅，哪个放在床边更好。

喜事网的服务没有八月照相馆这么庞杂，更多的是给新人一些婚礼策划的建议。"我们会要求我们的销售人员慢慢成为一名初级的婚庆策划师。"巫凯南说，站在销售的角度，如果能给客户更多专业的建议，就能与客户建立信任，而有了信任，后面的环节就轻松多了。

除了细致之外，八月照相馆和喜事网在服务上的共同点还包括采用了呼叫中心的重模式来提升服务体验。喜事网200多位员工中，有100多人隶属于呼叫中心；八月照相馆有700位员工，呼叫中心占了200多位。喜事网呼叫中心的职能主要是销售兼婚庆建议，八月照相馆的呼叫中心职能是顾问＋销售。这种人力密集型产业的背后，凸显的是服务的价值和服务的必要性。

巫凯南说，他当初进入婚庆这个行业，是因为觉得和旅游很相似，落地之后，发现两者本质上都是服务业。而服务业，一定是人力资源密集型行业。携程的呼叫中心不仅可以接收订单，还可以处理投诉，可以说扮演了销售客服两个角色。而婚庆行业的呼叫中心与携程的呼叫中心在功能上非常相似。

无全国性品牌

从民政部获得的数据可以看到，中国平均每年有超过 1000 万对新人结婚，其中城市新人达到 450 万～480 万对。结婚的直接消费每年超过 5000 亿元，并且还在以 10% 的速度增长。然而，宏观数据背后隐藏的问题却是，在结婚产业链上，不管是婚宴预订还是婚纱摄影，目前覆盖全国的品牌都寥寥无几。个中原因主要是该行业对本地化的要求极高，导致跨区域规模扩张未必经济。

婚庆供应链的分散让整合变得不易，全国婚纱市场中广州、上海、苏州三足鼎立，其他各地婚庆产品主要散落在服装、礼品和小商品市场内，而珠宝、礼服等高档产品则需要到百货商场、专卖店采购，婚庆公司、摄影公司、鲜花专卖店散布在城市的各个角落，市场呈高度分散的局面。

虽然在移动互联网时代，企业可以通过互联网手段解决信息不透明的问题，也不需要在繁华的地段租用昂贵的门店，但引流的成本仍然高昂。并且，每个城市的引流成本和盈亏的财务模型都不一样。对于企业来说，进入一个新城市，必然意味着前期需要大量地烧钱，做地面推广、百度推广，这些成本都无法被摊薄。

"比如婚纱摄影，新人会先看片子、看影棚、看各种服务设施等，然后才会谈价格，谈好了才会成交，这些事情都需要落地到人去做服务和对接，仅仅依靠互联网很难完成这样的任务。"维西资本投资人谢圻如是说，"所以才会出现线上推广加线下展会的方式。"

这也是为什么喜事网和八月照相馆都不愿意在全国铺开的原因。虽然喜事网在全国有 16 家分公司，但主要的订单市场仍然在北京。目前八月照相馆的业务也集中在北京地区，全国其他城市只承接环球旅拍业务，或是用户直接到北京八月照相馆门店拍摄。

对于扩张，两家都很谨慎。在婚庆的所有链条中，唯一有全国知名度的企业只有中国婚博会了。一位不愿透露姓名的业内人士表示，中国婚博会在各城市举办前都会大量地投入资源，用以购买本地的流量，包括地铁、公交等户外广告，数额相当大。"婚博会的影响力，可以说也是先流量采购再变现的结果。"

另一家以 O2O 概念为主打的网站 591 结婚网，同样采用婚博会模式，其主办的全国婚博会场均到场新人上万对，其中 95% 以上都是通过互联网报名索票，并在指定日期和场馆参加线下一站式结婚采购。

对于婚庆 O2O，喜事网和八月照相馆都表示自己并不是纯粹的 O2O 公司。"O2O 需要有一个闭环，而在喜事网上并没有完成支付这个环节。"在巫凯南看来，喜事网更像是一家中间商，帮助用户更好地选择酒店，帮助酒店带来更多的订单。

"O2O 的核心，一定是效率最大化。"说到未来的 O2O，八月照相馆人力资源总监姜涛认为，即使用了互联网的方式，但如果无法让业务的效率提高，也不能说是 O2O。

豆果美食：互动社区的厨房经济学

最近推出的豆果美食 App，将食谱与电商打通，通过推送的原生广告，一部分商品可实现直接在"优食汇"电商平台购买。这就是基于需求的主动性，引导商品的推荐和购买。

"衣食住行"这四大人类的生活基本需求，在移动互联网时代，化身为移动端上的一个个 App，嵌入人们的生活。

2014 年 10 月底，豆果美食正式推出 5.3.0 版本，并宣布 App 客户端下载量过 7500 万，日开启过 200 万。11 月 18 日，豆果美食宣布获得 C 轮 2500 万美元融资。融资完成后，其估值接近 3 亿美元量级。

作为国内第一家发现、分享、交流美食的食谱类美食互动社区，豆果美食为美食爱好者提供了一个在线交流平台，同时也打通了社群与电商的"任督二脉"。

作为一个典型的 UGC 社区，豆果美食 80% 的内容来自用户。如果你认为这些内容仅仅是简单的食谱，那就错了——用户在上传食谱的同时，会附上与之相关的心情故事，因此，豆果美食上的食谱都带有个人化的色彩和满满的温情。网站用户围绕食谱展开话题交流，进而引发群体共鸣。

而豆果美食的工作人员则承担着管理员的角色，将收集起来的数据根据质量进行评级。不仅推荐内容给用户，还做一些运营层面的引导，将优质内容推荐到首页。随后还要实时跟进社区用户的反馈，根据分享、评论、收藏等动作，进一步分析用户的喜好和最近流行的趋势。

浏览食谱引发对食材、厨房器具、调料等物品的需求，跟许多美食类网站一样，豆果以食谱为核心点燃了用户需求的原动力，于是电商应运而生。

如今，豆果美食正展开"食谱＋社群＋电子商务"的商业布局，撬动互动社区的厨房经济学。

电影《闻香识女人》中，由阿尔·帕西诺扮演的弗兰克在餐厅靠着敏锐的嗅觉发现了一位带着英国口音的陌生女郎，上前搭讪并邀舞。而豆果美食正是这样一个诱人的舞台，在这里，家庭主妇可以变身美食达人，食谱整理癖有机会凭借爱好著书立说。独特的商业基因使得豆果美食成为一个具有持续盈利能力的互动社区。

事实上，豆果美食一上线，便被苹果官方评为年度最佳应用，无形之中增加的曝光机会，让它抢占了移动互联网爆炸式的发展先机。

在美食行业同质化严重的竞争状态下，更新迭代的速度决定了 App 能否突围同质化的包围圈。与行业内其他同类 App 不同的是，豆果美食有自己的技术研发团队，有效弥补了这一"阿喀琉斯之踵"。

全案整合营销

日本最大的食谱类平台 Cookpad，其会员费占据了总营收的 60%。对于这一点，豆果美食副总裁朱虹表示，豆果不会推行会员制，一方面是因为日本料理和西式料理相对来说比较标准化，另一方面也跟用户的消费习惯有关，中国的网民还没有养成为内容付费的习惯。

美食、美图是社交分享的一项重要内容，这让一个平台的口碑变得极易传播。内容营销也具备相应的优势。

发展前期，豆果美食很注重用户体验，尽管积累了西门子、九阳等品牌客户，但是真正开始尝试商业化，是在 2013 年 5—6 月份。在广告的投放上，豆果美食扮演着 4A 公司的角色，不是让广告主简单地投放硬广，而是做全案策划。这种广告植入模式的可行性也在豆果的不断实践中得到印证。

例如，豆果美食曾经为西门子家电进行全案策划，主打的是"一行一味"向劳动者致敬的营销活动，抓住"五一"特殊的节日时间点传播积极向上的价值观。在劳动节当天，用户打开豆果美食移动端，点击进入活动后，豆果美食会根据用户的职业定向推荐食谱。由于活动采用的是轻松的卡通漫画形式，不少用户自愿将其分享到自媒体进行传播。这一活动为豆果美食活动首页和菜单详情页带来了日均开启量超过 120 次的好成绩。

不过，从盈利模式来看，目前，与品牌广告主合作仍然是豆果美食的主要盈利来源，但是它的野心不止如此。朱虹表示，豆果美食旨在通过先引导一部分用户，再通过这部分用户引导其他用户，形成一种滚雪球式的自然引导。

基于用户体验的深度 O2O

豆果美食的 O2O 模式着重于用户体验。

目前，豆果美食的用户群体以 25 ～ 35 岁的年轻人为主，其中女性用户占到 80%。这些用户已经进入社会，有一定的经济能力，有些甚至已经成立家庭。而在现代社会，美食已然不仅仅是果腹的食物，在解决温饱问题的同时，人们更加注重生活品质，更加关注健康问题。

在朱虹看来，豆果美食的用户是一群有爱的人，她分享了其中的一些故事：豆果美食的一位忠实用户，因为家里有糖尿病患者，对食材的要求很高，专门学做一些适合糖尿病病人吃的食物。而社区内集结的很多营养师，就会对这一系列的功能性食谱做出点评，后台再根据大数据进行精准推荐，使该用户能够很容易地在糖尿病食谱的标签下找到合适的食谱，并且放心去学习制作。之后，该用户在评论里撰写了长篇感谢信，分享了自己的心情，由此感染了很多人。

除了线上社区的互动，用户在线下也有很多的交流与体验机会。豆果美食几乎每周都会在全国各个城市举行 Family Day 的线下活动。在线上互相聊美食，在线下带着美食见面交流，用户在线上线下完全是打通的，并由美食拓展到更多其他的生活话题。

在朱虹看来，美食本身是一件特别美好的享受，因为很多用户是在给家人、给孩子做美食，大家的交流相对来说更加纯粹，这种社交关系也更加深入、牢固。

同时，豆果美食还是用户手边的美食经纪人，尝试着美食类的"造星运动"。从东方卫视的《顶级厨师》，到央视的《味觉大战》，豆果美食尝试与很多类似的美食类节目进行合作，积极拓展媒体渠道。

但是，达人从何而来？首先，豆果美食因为自身的平台效应，吸引了大量的美食达人，90%以上的互联网美食达人都进驻了豆果美食社区；其次，用户在豆果美食上传食谱，后台编辑在日常的运营中会对内容进行审核和评级，如果发现了优质用户，便会与之建立联系，发展成强关系。

而对于合作媒体来说，豆果美食通过大数据以及以往的经验，为更多受众提供最新的美食趋势，比如每一年最热门的菜是什么，搜索最多的食材是什么，用得最多的工具是什么，最终实现一部分媒体受众的转化，同时也为其商业化埋下伏笔。

"美食经纪人"还搭建了用户与商家之间的桥梁。事实证明，豆果美食的用户非常乐于参加各类厂商的活动，也乐于在社会媒体上传播分享，从而为商家带来一定的口碑效应。例如，豆果美食推出长帝烤箱的体验活动，发出28台烤箱，收到95份高品质的试用报告。用户会基于产品将体验融入到内容当中，从而形成一个个美食话题，产品的优势和不足都会在分享中有所体现。

有温度的食谱社群电商

目前，豆果美食拥有超过40万个食谱，根据不同功能、材料将菜单设置多个标签，方便用户查找，并通过"大家都在看""秀美食""精选菜单"

等结构化数据，向用户推荐优秀食谱。

豆果美食 App 5.3.0 新版上线后，豆果美食在食谱的基础上增加社群、电商两大分支，特别加强了用户群体的社交功能，同时更进一步优化"优食汇"电商平台，优化用户购买体验。新版豆果美食直接把电商平台"优食汇"加至导航栏，将食谱页面与相关商品购买页面无缝对接，用户在浏览食谱时通过点击跳转等形式即可进行整套购买。

垂直电商已经有很多的成功案例，其背后深层次的逻辑，仍然来自用户的需求，不妨先来看看豆果美食 slogan（口号）的转变，或许会带给你些许启发。

早期，豆果美食的 slogan ——"生活就是一道菜接着另一道菜"，非常接地气，写实而家常。但是随着用户的增加、社区的功能加强以及用户对于材料、厨具、食材的需求越来越大，其电商基因越来越明显，豆果美食也将其 slogan 改为"开启美味生活"。

美食类 App 的竞争者并不在少数，美食杰、好豆网、下厨房等都占据着一部分美食市场，但是同质化问题相当严重。

比如，味库的用户行为路径与豆果美食完全相反。味库是一款厨房管家 App，提供基于用户家里现有食材、厨具、调味品等智能组合的菜谱。概括来说，味库的功能是基于厨电＋食材＋菜谱的多元化组合，用户在添加了食材和厨电后，由系统生成食谱。

由于开发团队基因的关系，味库有着与生俱来的商业性。

与此相反，豆果美食的用户已经明确知道自己想要做什么菜，然后再去购买所需食材、厨电、厨具和调料等。而最近推出的豆果美食 App，已经将食谱与电商打通，通过推送的原生广告，一部分商品可直接在"优食汇"电商平台购买。

豆果美食基于需求充分发挥用户的主动性，引导商品的推荐和购买，基于信任实现用户的高复购率，食谱始终处于核心地位。

作为美食类的垂直社区，豆果美食的电商方向与传统电商不一样。"优食汇"介于单纯的电商平台与以朋友圈的口碑、熟人为背书的电商模式之间，通过垂直社区内容及用户互动产生的信任感、参与感、真实感，实现商业化的转化。

目前，"优食汇"已上线上百种商品，预计年内将达到日流水额 20 万元。

尽管如此，朱虹表示，豆果美食走的还是轻商业的模式，会针对食谱进行产品的整合，并利用平台的数据和资源进行严格的商品筛选。比如做戚风蛋糕，豆果美食将帮助用户找到合适的供应商，并把所有需要的材料都组合起来，变成一个完整的产品包，用户下一个单就可以把所有材料买齐。

在物流和仓储方面，"优食汇"目前鲜有涉及，只作为电商平台提供渠道。用户下单后，豆果美食在第一时间将订单信息反馈给商家，由商家直接发货。

第四章　日益透明的供应链

在产品同质化严重的情况下，电商从业者不仅要抓产品创新，还要在供应链的每一个环节上精益求精。随着电子商务的进一步发展，消费者对购物体验越来越重视，电商供应链重心随之进一步下移，供应链可视化程度也越来越高。因此，仓配行业本身必须完善布局、超越自我，才能立稳脚跟。而电商则要慎重考虑是外包仓配还是自建仓配系统。

宅急送的最后一个机会

大单变小、小单变大，供应链重心进一步下移，供应链可视化程度越来越高。

宅急送这一快递行业的老牌子，在经历了两次转型失败后，于 2014 年底获得了复星集团、招商证券、海通证券、弘泰资本、中新建招商股权投资基金五大财团的资金注入。资金充裕的宅急送能否重新回到快递行业第一梯队？这次转型对其来说是场孤注一掷的战斗。

宅急送创始人之一陈东升在当时的战略合作发布会上，不止一次提到，这是宅急送最后一次机会。在快递业已经发生翻天覆地变化的大环境下，宅急送重新拾起了自己最擅长的 B2B 业务，不过这次它的眼光投向了更广阔的跨境电商领域。

从宅急送总经理殷俭所描绘的宅急送国际物流业务版图来看，五大财团的注资让这家徘徊在生死边缘的昔日的龙头企业有了焕然一新的气象。

大开大合的跨境物流

宅急送由陈平和陈东升于 1994 年创立，在快递业的蛮荒时代，宅急送在 B2B 领域中深耕了 10 余年，掘到第一桶金，并奠定了自己在物流领域中的霸主地位。

但是随着电子商务的发展，越来越多的民营快递公司在利润丰厚的小件物流领域中日进斗金，而遇到赢利瓶颈的宅急送也开始转型做小件物流。当时宅急送放弃了自己擅长的 B2B 领域，踏入竞争激烈的 C2C 领域，在全国建立了很多网点，但是快速扩张导致了资金链的断裂。就这样，宅急送的第一次转型以陈平的离开而宣告失败。

第二次转型由时任宅急送董事长的陈显宝操刀，他选择了已成规模的 B2C 领域。但是在 2012 年、2013 年这两个电子商务发展最迅速的年份里，宅急送好像消失了一般。殷俭自己也表示，宅急送没有乘势壮大是个"奇迹"，然而在竞争这么激烈的年代没有死掉同样是个奇迹。

2014 年，陈东升回归宅急送，并带来了五大财团的战略投资，宅急送接下来的方向被最终定为国内仓配业务和国际业务。殷俭说："国内业务是为品牌商提供线上线下一站式物流服务，国际业务就是要打造一流的跨境电子商务综合物流服务平台。"

从跨境出口电商的发展趋势来看，接下去出口品类会快速增加，这意味着对于行业中各个角色来说，机会也会更多。随着互联网消费习惯的养成，美国、欧洲等发达国家地区已经形成成熟的市场，而新兴市场也会逐步跟进。海外仓将推动物流的快速运转，多样化的物流解决方案也会出现。

其实在现阶段，跨境电商平台上已经活跃着很多中小企业，但是未来将会有更多的品牌商和贸易服务商参与到竞争中来。所以殷俭认为跨境电商物流发展的趋势是："大单变小、小单变大，供应链重心进一步下移，供应链可视化程度越来越高。"

　　"大单变小"是指传统的贸易从 B2B 逐步转变为 B2C 模式。然而在激烈的竞争中，消费者对购物体验的要求也越来越高，于是又"小单变大"，即采用一般贸易的形式把产品发到海外，再通过海外仓作为中转，提高物流效率，提升消费者体验。这也是商务部前不久提出要在海外建 100 个海外仓计划的原因之一。

"宅系列"打天下

　　"如果说去年是出境电商的蓝海，那么今年就是进口电商的元年。"跨境电商前端模式繁多，后端物流配送环节因为太重，受各种政策影响也颇大，所以各家发展的侧重点都有所区别，并随着市场的不断发展及时调整。

　　以前我们经常说，"中国制造＋邮政小包"的模式天下无敌，但是随着"9610 代码"相关政策①、试点多个保税区等利好信息的放出，跨境电商流程逐渐透明化。这一切对于宅急送来说，都是推动海外仓建设的重要原因。"出口业务的透明化让竞争趋向白热化，设立海外仓的必要性逐渐体现。"殷俭以德国举例，德国规定电商平台所销售的产品必须提供退换货服务，这原本就是海淘的短板，如果没有海外仓的支持，物流成本高企会成为促成交易的最大掣肘。

　　现在很多物流公司其实都在布局"物流前"的动作，无论是建海外仓还是和当地的物流商合作，都是在试图缩短物流时间并降低成本。现在大家都在用的邮政小包其实并不便宜，物流周期也不稳定。"谁能最先突破这层窗户纸，谁就能占得先机。消费者永远是被宠出来的，如果他用相同的邮费两

---

①　9610 代码：即海关监管方式代码"9610"，全称"跨境贸易电子商务"，简称"电子商务"，适用于境内个人或电子商务企业通过电子商务交易平台实现交易，并采用"清单核放、汇总申报"模式办理通关手续的电子商务零售进出口商品（通过海关特殊监管区域或保税监管场所一线的电子商务零售进出口商品除外）。

三天就可以收到海外包裹，那么不会再选择半个月的。"

基于现状，宅急送推出了一系列产品，包括宅邮宝、宅特快、全球送、宅仓宝、宅进宝这五条业务线。宅邮宝和宅特快是基础产品，分别可以理解成邮政小包的 B2C 模式和商业快递 B2B 模式。全球送则是专线业务，它的模式早在 2012 年就有了雏形，宅急送当时和英国皇家邮政集团旗下的 GLS 合作，以中欧商务包裹快递服务为突破口，一方面为欧洲客户提供寄递中国的快速通道，另一方面也为中国客户构建向欧洲传递包裹的渠道，并在中国范围内提供货物揽收和相关服务。宅仓宝就是基于海外仓的出口模式，而宅进宝会以"保税进、行邮出"的保税模式来做。

宅急送虽然进入 C 端业务比较晚，但是它的基础建设非常完善，这也算是宅急送第一次转型留下来的"遗产"。殷俭认为，无论对出口业务还是进口业务来讲，这样的积累都具有非常强大的竞争优势。

外仓布局瞄准未来市场

事实上，跨境电商的物流链条其实非常短，并没有外界想象中这么复杂。"我认为海外仓的竞争会越来越激烈，价格战一触即发。"殷俭对国际物流接下来的竞争态势做出判断，物流是点和面的全面结合，有多年积累的宅急送底气十足。

无论是阿里巴巴的"落地配模式"还是京东的自建物流模式，它们投资物流的目的都是为了更好地卖货。殷俭希望打造的"宅急送模式"，简而言之就是成为中立的流通商，"我们只是物流平台，没有支付平台也没有电商平台，所以我们想在物流平台中做'专'，今后业务会聚焦在仓配上，无论是国内仓还是海外仓"。宅急送现在在做的是进一步整合电商仓、企业仓、海外仓等各个平台的资源，制定线上订单分配系统，通过宅急送的混合配形成高效的物流体系。

相比基础的宅邮宝、宅特快业务，宅急送更关注的是基于海外仓的全球送、宅进宝、宅仓宝三项业务。国外很多国家对邮政小包的限制需要通过海外仓的模式来规避，比如说俄罗斯的服务业代税、德国的无条件退换货、澳大利亚的落地征税等政策。

殷俭透露，宅急送接下来会立足海外仓的布局做出口业务，结合仓库管理系统以及进口系统实现对货品的管理，帮卖家解决物流问题，同时提升消费者体验，解决后续一系列的退换货等服务问题。"我们希望通过海外仓，让货物在订单产生前到达目的地国家，然后通过系统管理实现目的地国家的落地配。"

电商们，请注意你们的外包仓配

订单波动幅度和成本是仓配是否外包的核心考量指标。

随着电子商务如火如荼的发展，越来越多的大商家开始涌现，它们在订单规模、常备 SKU 规模以及供应商数量等方面与小商家有着天壤之别，而伴随着它们的成长，电商仓配外包服务也逐渐成熟起来。如何在合适的时机选择合适的仓配服务伙伴，非常考验商家的智慧。

目前市场上各类仓配服务提供商多种多样。专注于电商行业的仓配服务提供商大致分为三类：

一是从传统物流行业转型做电商仓配服务的，如中外运、中远、嘉里大通。这类服务商背后资金实力雄厚，有很强的专业背景。但传统仓配企业专注的是 B2B 领域，而在 B2C 领域还需要精耕细作，尤其要加深对电商的理解。

二是一些电商意味比较浓的仓配服务商，代表如百世、网仓、标杆、发网、五洲、贝宁等。这类服务商对电商的理解非常深刻，仓内作业一开始就专注于 B2C 领域，但多数还未形成全国的分仓体系，无法为商家提供全面系统的仓配服务。

三是由"通达"等快递体系转型而来的仓配服务提供商。这类服务商前几年从快递转型做仓配服务，从聚划算活动类业务入手，积累了一部分电商仓配操作经验，现在逐步朝专业化仓库发展，代表如圆通新龙、天天、中通、申通等，在北上广等城市依靠分拨中心提供的仓配服务。这类服务商在专业性上不如前两者，但成本优势明显，非常适合快进快出的活动类业务，能解决商家在大促活动场景下自身物流弹性不足的问题。

选择外包仓配的成本、效率考量

作为从事电子商务的商家，其仓配服务是否该选择外包、在什么情况下该选择外包？

一般来讲，商家选择仓配服务外包多数是基于成本、效率的考量。比如"双 11"的时候，商家自己的常备服务能力不足以满足短期内的发货要求，会选择临时把仓配服务外包给第三方。又或者某个商家在发展壮大过程中，发现自建仓储越来越重，占用了大量的人工和成本，而外包出去则相对省心，自己可轻装上阵，做好前端的营销工作，获取更多的订单。

仓配服务根据外包的重要程度可用下页图直观地描述出来。之所以这样分类，是因为订单波动幅度和仓配管理难度与成本有极大的关系。从这个角度来看，订单波动幅度和成本是仓配是否外包的核心考量指标。

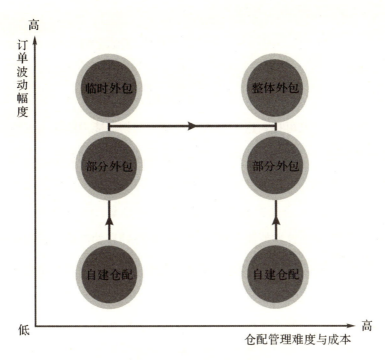

仓配服务与外包程度的关系

一般来说，当订单波动幅度较低，即订单量稳定时，商家应当选择自建仓配服务。那些淘宝的小卖家多数是选择这种方式，他们日订单量在几百单上下，SKU 规模不大，自己能对订单、商品、库存进行比较好的管控。淘宝上绝大多数自己备货的小商家都在这个行列。

当订单波动幅度较高时，商家可能需要花比较大的成本和人力来应对物流波峰。比如"双 11"时，海量订单产生，自建物流的商家要雇用临时工，场地、人员、设施设备、快递资源等都要做应急准备，否则很可能会发生发不出货、发错货或者发出货后被堵在快递环节等问题。为了适应这种弹性变化，商家可以选择部分外包（即把某些热销 SKU 外包给第三方仓配服务提供商）或者临时外包。临时外包多见于聚划算或者"双 11"等大促场景下，商家把要上活动的商品临时存入外包仓，由外包仓库提供活动期间的仓配服务，活动结束后即退仓。

自建仓配的大商家，主要是那些店铺规模与物流能力同步发展的大卖家，以及对仓配外包持审慎态度的大卖家，代表商家如韩都衣舍、麦包包、三只松鼠等等。这类商家自身规模庞大，对物流服务的要求很高。其在物流方面的投入也非一般商家可比，这种投入使得商家的物流能力能够很好地满足其店铺规模的扩张。另外，有些商家非常看重自身的货权和数据，一定要把控在自己手里才觉得"安心"。这两类商家都会选择大投入自建仓配。

而部分外包则适合品类 SKU 比较少且上新频率、商品销量、补货周期都比较稳定的商家。这些商家可以通过分仓获得较高的订单时效和较低的配送成本。商家可以按照渠道、SKU 等维度把部分商品外包给分仓仓库。这样商家自有仓库和外包分仓形成一套分仓体系，共同为商家的店铺提供物流服务。代表类目如小家电、美妆、洗护、家居、奶粉等等。

自建仓配的商家有可能逐步过渡到部分外包、全部外包或者临时外包。衡量是否选择部分外包和全部外包的标准主要是仓配建设难度和成本。各类目情况不同，商家的投入力度也不尽相同。这里提个象征性的数字概念：双 2000。即 2000 个常备 SKU 或者日均 2000 单。前者代表仓内操作难度，SKU 越多，仓内操作难度越大。后者代表仓内投入成本，订单量越大，成本投入越大。当然，还有很多其他因素会影响这两个指标，如库存周转率、SKU 特性（存储条件、占地面积等）、各地用工成本、仓租成本等，这里不一一赘述。

衡量是否选择临时外包的标准主要是单量弹性，当瞬间单量超出日常单量 5 倍以上且超过 2000 单时，仓库可以选择临时外包给快递仓，以解决自己弹性不足的问题。当然，上述数字只是一个参考，商家还要结合自己的实际情况来选择。

而只有当订单波动幅度大，且仓配管理难度与成本大幅上升时，商家才需要选择一个专业的外包仓库，获得全链路的物流服务。

上述外包场景对应的业务场景如下图所示。

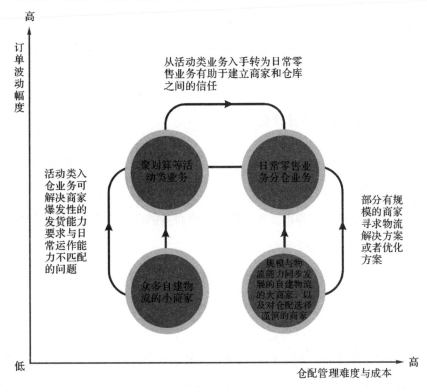

仓配与外包的关系

活动类入仓业务可以解决商家爆发性的发货能力要求与日常运作能力不匹配的问题。"三通一达"快递公司从两年前就开始涉足此类业务，在北京、上海、广州、杭州、深圳、成都等卖家集中地建立了针对聚划算等活动类业务的仓配服务。这类服务的特点是 SKU 少，快进快出。

从活动类业务入手转为日常零售类业务则有助于建立商家和仓库之间的信任关系。在活动类入仓场景中，商家通过相对简单的活动类场景和仓库建立了信任关系，通过尝试，有可能会选择全部入仓或者部分入仓，和仓库建立起长期的合作关系。其中的代表如百世汇通，通过"双 11"期间为茵曼提供物流服务，最终成为茵曼的仓配服务提供商。

而那些规模与物流能力同步发展的自建物流的大商家，在自建物流的成本和管理难度达到一定的极限后，为了选择更好的物流解决方案或者提升自身物流能力，有可能选择全部或者部分外包。对那些 SKU 多、频繁上新的服饰类目商家尤其如此。

选择仓配外包服务要注意什么

总结商家在选择仓配外包服务时的要点，需要从成本、仓库服务能力、信息化水平等因素综合考量。具体来说，可以分为以下几点：

成本：不能单看快递的成本，还要结合自身的产品特性，如库存周转率、产品存储要求等来看综合的物流成本。

仓库服务能力与质量：很多仓库的承诺以及之前的成功案例未必适合自己，商家在和仓库建立合作关系之前，必须请仓库针对自己做全面的调研和分析，提供详尽的解决方案。

客服响应速度：不同于自建物流，选择仓配外包后，商家和仓库的日常沟通由内部沟通变为外部沟通。如果仓库的客服响应不及时，会给商家的售后带来极大的影响。

仓库信息化水平：专业的仓库才能提供专业的服务，专业化的仓库往往需要一套高水平的 WMS 系统来支撑起日常运作。此外，商家自己的 ERP 系统和仓库的 WMS 系统如何交互也非常重要，否则即便仓库的服务和系统再专业，也会因为两套系统之间的交互问题而影响数据的及时性、有效性，从而大大影响仓配外包的效果。

仓库的改进动力和能力：物流是一项琐碎的工作，发现问题很正常，积极解决就好了。但这还不够，外包仓库需要有主动改进问题的动力和能力。不但要改进仓内出现的各类问题，还要改善和商家联动时出现的各类问题。

总体来说，选择仓配外包，对于商家来说是一项慎重的决定，好的仓配外包能给商家带来整体供应链链路效率的提升，不但能提高商家的物流能力、降低商家的物流成本、减少物流异常、提升客户满意度，还能帮助商家做好供应商管控、做好供应链各环节数据分析、提高库存周转率等。

笔者相信，未来的仓配服务外包一定是趋势，希望提供第三方仓配服务的物流商们能抓住这个时机，为商家提供更好的物流服务，为消费者提供更快捷的物流体验。

顺丰在下一盘大棋

顺丰低调布局，往往冷不防地超越了对手。

通过两组数据，来看看顺丰在2014年"双11"的表现。

首先，顺丰在"双11"接单量达2349万单，排名第四。按照利润率计算，排行第一非它莫属。从顺丰公布的数据看，2014年"双11"当日单量涨幅达146%，整个"双11"销量TOP 10的商家中有7家由顺丰服务。

再看看顺丰优选，从11月6日开始准备，到11日销售额超过2.8亿元（其中"双11"当日销售7200万元），与10月相比同期增长超过1700%，订单量共计67万件，刷新了中国生鲜电商的纪录。

这些数据只是顺丰低调布局第一阶段的成绩表，接下来我们就从"双11"的角度看看顺丰究竟在下一盘怎样的大棋。

从2013年融资80亿元到2014年"双11"，顺丰的布局可以说马不停蹄：布局嘿客、收购落地配、布局冷运、全面渗透电商、收购超过10架波音 767 飞机发力跨境电商、与中石化 3 万家易捷店合作 O2O、3 个月上线 22 个云仓、开通京沪快递专列……

顺丰低调布局，往往冷不防地超越了对手。

顺丰冷运的布局

2014 年 9 月 25 日，顺丰正式发布"顺丰冷运"（SF Cold Chain）品牌，定位专注于为生鲜食品行业客户提供"一站式供应链解决方案"。在此之前，它仅仅是在顺丰优选的冷链配送基础上衍生出来的细分物流服务。在外界都不知道的情况下，顺丰冷运已经低调布局一年多。

顺丰冷运的商业模式是在整合顺丰现有物流、电商、门店等资源的基础上，为生鲜食品行业客户提供冷运仓储、冷运干线、冷运宅配、生鲜食品销售、供应链金融等一站式解决方案。目前生鲜商品可以覆盖全国 54 个城市，已成为我国覆盖范围最广的冷运宅配服务商。

如今，顺丰冷运采用的是"一段式全程冷链"配送，全程可视化，达到全程温控、信息记录以及调控，相比于行业的"冷链 B2B + 落地配"的二段式半程冷链模式更优。

从定位上来看，顺丰冷运主要针对食品企业、生鲜食材市场、餐饮企业、生鲜电商等。据悉目前已与联想佳沃、冰天美帝冰淇淋、天猫与淘宝商户等开展合作。例如，2014 年顺丰优选卖的岭南荔枝，是由顺丰冷运在 24 小时内从枝头通过航空直送到北京消费者口中。

顺丰的每一步发展都是低调摸索探路出来的，顺丰优选的发展，是顺丰集团总裁王卫前期探索生鲜的尝试。

2012 年 5 月 31 日，顺丰优选正式上线。由此，顺丰速运开始了在冷链物流领域的布局。目前，顺丰优选的产地直供和入库的生鲜商品，使用的便是顺丰冷运的"生鲜速配"和"冷运宅配"服务。

2013 年 12 月，顺丰正式成立食品供应链事业部，随后逐渐推出仓、干、配、销一体化的行业解决方案。

2014 年 9 月，集冷运存储和中转功能于一身的顺丰上海和厦门冷库正式启动，城际化的一段式全程冷运服务已经展开。2014 年年底，顺丰已建成并启用包括北京、广州、深圳、武汉、成都等地的总计 10 座 B2C 冷库，成为我国拥有最多 B2C 冷库的企业。

玩转生鲜大促

生鲜玩大促，很多人都觉得不可思议，因为生鲜作为快消品，与服装、家电、3C 截然不同。

事实上，早在 2013 年"双 11"期间，生鲜电商便初尝大促的甜头。数据显示，顺丰优选当天的销售额增长了 26 倍，订单量增长了 17 倍；天猫售出 50 吨阿拉斯加野生海鲜，相当于一个沃尔玛超市 2 年的销售量；易果生鲜也创下 72 小时狂卖近 4 万只榴梿的纪录。

再看 2014 年"双 11"生鲜行业的格局：平台电商欲借生鲜品类缓解常规促销带来的审美疲劳，垂直电商真金白银地让利拉拢新客，品牌商家蓄积品牌势能欲集中释放。双 11 当天，各平台已将生鲜放在与食品类目同等重要的位置，而之前生鲜都是食品类目的子频道。美国生鲜果蔬品牌都乐首次参战"双 11"，联想创始人柳传志打造的"柳桃"也选择在"双 11"首发。

顺丰优选也不甘示弱，今年在生鲜领域布局了多个"爆款"单品，爆款的备货量为平日的 20 倍左右，这也是实现 11 月 6 ~ 11 日销售额超过 2.8 亿的关键因素。

除了打造"爆款"之外，顺丰优选还提供物流定制的服务。

据悉，顺丰冷运针对顺丰优选推出了定制的"双 11"预案，针对同城生鲜订单将增加发车班次，异地装载率到达 60% 也将采取直发而非中转形式，以提升配送效率。同时结合顺丰今年收购落地配企业的优势，成功实现城市间运输和"最后一公里"的落地冷链宅配。

和往年不同的是，2014年"双11"顺丰"嘿客"门店成功与顺丰优选联动，除店内宣传展示外，还将提供现场下单和常温包裹自提等服务。

由此可以看出，线上线下联动的最大价值在于，实现了大促时期O2O的运营模式，并将线下的社区用户体验带来的流量拉到线上，将优选＋嘿客＋速运有机结合。不仅如此，还推动了预售模式的发展，将"零库存"与快速响应的供应链有机结合。

跨境业务低调启动

11月11日，顺丰优选的海外代购网站——"优选国际"正式上线。

据悉，优选国际与顺丰优选主站定位保持一致，聚焦于食品领域，选品标准为优质、差异化、高附加值，如奶粉、保健品等，这些也是海淘的热门品类。

从侧面了解优选国际的运营模式来看，大致为与各海关口岸建立合作，把海外食品通过个人行邮的方式直接寄给消费者。物流使用顺丰速运，运输方式分两种，一种是将商品从海外运到顺丰优选香港的仓库，从香港直邮给客户；另一种是将商品直接运到保税仓，从保税仓直邮给客户。

据悉，未来顺丰优选还会将优选国际对外开放，吸引海外的企业和商家入驻。一个真正的食品跨国平台的雏形已基本显现，这将是很大的一盘棋。

第五章　电商化中的产品窘境

2011 年以来，互联网横扫传统商业领域，电子商务领域成为红海。但是有一些行业却因为自身产品的局限性或产品的特殊性质，在电商化的过程中屡屡碰壁，陷入了面对体量巨大的市场蛋糕，却难以下口的窘境。例如生鲜产品的难以标准化、难以运输，婚嫁产业难以形成闭环、对象不可持续，但这些问题真的像看起来那样无法解决吗？不尽然。

你所不知的生鲜电商七宗罪

事实上，风生水起的生鲜电商中却鲜有盈利者，而且逐渐暴露出诸多消费和体验的痛点。

如果说在电商领域还有一片蓝海，那非生鲜电商莫属。

随着生鲜行业井喷式发展，众多投资机构将其作为项目投资的重点领域。一方面不少传统大公司也纷纷涉足，例如顺丰优选、沱沱工社、中粮我买网等；另一方面，天猫、京东、亚马逊等互联网巨头也纷纷开始试水。

但事实上，风生水起的生鲜电商中却鲜有盈利者，而且逐渐暴露出诸多消费和体验的痛点。如何快速击中这些痛点，给消费者提供高价值用户消费体验，才是我们关注的重点。

一宗罪：模式痛点——经营模式的摇摆困惑

一直以来，生鲜电商和其他行业的电商一样，都有平台和自营之分，资源丰富者多选择自营与平台兼有、平台为重的发展策略，而资源适中者往往会在平台和自营间摇摆不定。但做平台和做自营均面临着资源和能力的挑战。

做平台意味着要承担平台引流、商户招募、活动组织和平台管理等相关职能，邀请知名生鲜电商品牌和线下特色生鲜品牌等成为重中之重；而自营意味着强化生鲜产品供给、自有品牌打造、客户关系维护等关键环节，并要有持续的用户体验经营、闪亮的电商品牌打造等。在笔者看来，做平台电商要求会更高，对其品牌招商能力、线下推广能力、平台引流能力等要求较高。

选择何种经营模式，不仅要对企业自身的资源进行全面盘整，更要对企业发展战略进行系统梳理。

突破方向：(1) 审慎评估自己的经营优劣势，选择适合自己的经营模式，同时即使是选择自营模式，也要强化与其他经营商户的合作，众人拾柴火焰高；(2) 前期先做会员社区，通过美食互动、烹饪指导等强化会员黏性，根据会员的产品需求类型、用餐类型等来深入考虑选择何种模式：产品相对集中、自己可以满足时就尽量选择自营模式，品类多样、超出自己能力范围时可以选取平台经营模式。

二宗罪：销售痛点——客单价高且购买频率不稳定

从数据上可以看出，目前生鲜电商消费者更多集中在东部沿海发达地区，消费者以 22 ~ 35 岁女性居多，网购经验丰富，对生鲜产品关注度高，购买的品类多集中在水果、净菜等。为保证新鲜度，一般消费者会一次性购买 3 天的消费量。由于物流配送费用高，多数平台需要消费满 99 元才能免配送费，这一门槛直接导致生鲜电商的客单价高，同时也带来了购买频率不稳定的无奈。

如此一来，电商巨头在生鲜网购拓展中就显得极富竞争力，生鲜产品购买往往和其他产品购买一起发生，这也是天猫、京东等电商平台上生鲜购买率比较高的原因之一。

突破方向：(1) 向厨房美食平台方向发展，改变单一销售食材的办法，提供更多的厨房美食套餐，提供组合式菜品半成品；(2) 根据用户的食用场景、食用人数、食用金额等提供"定制式套餐"，减少标准菜品的供给；(3) 卖"会员预售卡"，提前让客户根据订购期限、大致菜品等进行选择，提前收到订购费用，圈住客户销售。

三宗罪：视觉痛点——视觉感触雷同且弱

不可否认，网络图片价值传递和线下实物呈现存在差距。生鲜是仅次于化妆品、服装等"秀图片"行业之后屈指可数的"图片迷"行业，消费者的看重、生鲜电商品牌的重视，使其图片相当吸引人。生鲜电商的图片往往比较高清，展现高自然感、高新鲜度，而实际用户收到的产品却不是这样，密封的包装、层层的节点运输和食材水分流失，这些都使实物发生损耗，实物的品质感、新鲜感等自然大打折扣，实物和图片的差距给用户的视觉痛感比较强。

此外，食材食用指导和实际操作往往脱节。一般情况下，生鲜电商可划分为讲产品、讲需求和诉情怀三个阶段，现在的生鲜电商在卖产品之外更增添了食用场景、烹饪介绍等，旨在为消费者提供集食材购买、食用指导、烹饪服务等于一体的服务。而实际上，用户由于烹饪能力有限、时间有限，未必能全面理解烹饪食用指导，指导方法和实际操作成为"两张皮"，离"高价值的用户体验"还有差距。

突破方向：(1) 有一说一，实物怎样就怎样表现，真诚地传递菜品价值，相信消费者是可以判断的；(2) 以菜谱来统筹生鲜产品销售，先提供优质菜谱、烹饪指导等，再提供优质菜品销售，这样以菜谱带动菜品销售，自然水到渠成。

四宗罪：配送痛点——难熬的"最后一公里"

冷链物流是永远的痛。生鲜产品需要从仓库到用户家的全程冷链运输，而目前冷链运输成本高、仓储费用高、区域分销冷藏点建设难度大，这也导致了生鲜产品冷藏冷冻成本高等特点。

除了冷链物流以外，还有"最后一公里"到家门口的噩梦。所谓"最后一公里"，是指从区域冷藏点到用户家的过程，要求对产品进行分区温度控制，日用品、冷藏品和冷冻品等的包装要求、温控要求各有不同，这对生鲜电商来说是一个不小的挑战。

突破方向：(1) 引入资本，和国内外物流资本合作，共同投资建设区域性冷藏冷冻仓库及支线冷链物流设施；(2) 同冷链物流企业合作，双方共同组建区域性生鲜电商公司，以股份合作、合资经营等方式共同经营；(3) 创建内部物流孵化器，由公司出资控股、优秀员工个人出资参股，共同投资经营区域性冷藏冷冻仓储中心，既能实现员工自主创业，又能推动公司冷链物流发展。

五宗罪：体验痛点——消费者线下体验薄弱

生鲜电商面临着线下实体店价格低、购买便利、店面可感触、产品可视等方面的竞争，这些构成了用户全方位体验，也对生鲜电商形成了强有力冲击，线上线下存在一定的竞争关系，可替代性太强。

但是生鲜电商线下体验比较弱，用户参与度低。目前，生鲜电商将更好的资源集中于打造良好的线上浏览购买体验等，对线下体验店等关注度不高，线上线下联合营销的能力还未形成，其线下体验比较弱，用户参与度更低。

突破方向：(1) 强化用户线上浏览下单体验，优化页面 UI 体验，针对消费者咨询的采摘时节、产品特色、配送时效等进行详尽解答，提供一键下单等流畅体验；(2) 积极推行 O2O 模式，让消费者在网络下单的同时，也能到实体店购买，或在线下自提点提货，或是在品牌体验店感受品牌及产品特色，强化与用户的沟通互动。

六宗罪：供应痛点——后台资源整合的高难度

首先，供应链系统支撑尚需整合。水果、蔬菜等生鲜货品往往季节性比较强，产地资源有限、产量有限，生鲜电商需要优秀的供应链系统支撑，保证货源供应、保证产品质量、保证持续供给。生鲜电商需要更多的合作产地、合作农户等，而如何保证持续合作、保证合作产品质量等，是生鲜电商重点关注的问题，供应链整合尚需时日。

其次，给用户的烹饪指导和消费指引整合难度高。目前，生鲜电商如京东生鲜等正在强化烹饪指引、美食指导等服务，旨在通过更加全面的食材食用、烹饪指导等服务来增强消费者黏性，让用户能够持续光顾。而此种整合需要收集烹饪内容、统筹烹饪指导、编撰服务指导等，这些对生鲜电商的人才配置、团队安排等要求较高，整合难度也较大。

突破方向：(1) 强化对生产基地、核心农户等的生产管控，与之开展合资经营、合作拓展、共同研发等活动，使生产供应链更加牢靠；(2) 推行生鲜产品生产的标准化、规范化和专业化，使产品生产程序更加合理，菜品如何种、如何收、如何检测等均有各自的标准，使供应日益标准化、专业化。

七宗罪：发展痛点——小区域经营明显难扩张

目前，市场上由区域型生鲜电商唱主角。生鲜电商仍集中在上海、广州、北京等发达城市，其生鲜网购消费基数大，消费者对生鲜网购的接受度比较高，在线购买生鲜食材的消费习惯日益形成。

各生鲜电商区域化运作特征明显，聚焦区域内消费者的生鲜消费，关注生鲜区域化重度经营。而跨区域拓展困难较多。生鲜电商物流配送存在"最优配送半径"，跨区域配送难度高，各区域生鲜消费差异大，生鲜电商跨区域拓展尚需时日；等跨区域冷链物流发展成熟，"最后一公里"得到初步解决，生鲜产品供应可以持续稳定，生鲜关联服务获得认可，相信生鲜电商跨区域拓展才会全面铺开，成功率才会更高。

突破方向：(1) 和资本联手，以收购、兼并、合资等方式收购当地已经做得较好的生鲜电商品牌，打造全国化的"生鲜资本旗舰"；(2) 提升标准化菜品、常温菜品等销售比例，减少对冷链物流的依赖程度，助力跨区域拓展；(3) 强化品牌社群黏性，积极发展厨房美食会员，开展美食探讨、烹饪互动和服务指引等，推进美食社群建设，以"高密度会员"推进线上销售额的提升、助力线下跨区域拓展。

生鲜电商的三大误区

实际上，标准化和销售是相辅相成的，没有标准化的时候，就不可能让销售持续增长。

生鲜电商经过最初的喧嚣，熬过激烈的竞争期，到如今带着各自对行业的理解继续生存，两三年的时间沉淀了很多经验和教训。

在我看来，有三个误区是有些外行人甚至生鲜电商从业者内部至今还在流传的：(1) 生鲜商品很难标准化；(2) 损耗是个难以逾越的障碍；(3) 冷链物流走不远。

在这样的误区下，有人无奈地提出"生鲜行业只能用 O2O 的方式解决，不能通过 B2C 的方式"。实际上，到了今天，对于这三个所谓的难题，沱沱工社（以下简称沱沱）已经找到了化解的答案。

误区一：生鲜商品很难标准化

生鲜商品一向容易被归于非标准化的品类，产品品质、大小的参差不齐成为生鲜电商的一大痛点。

但是，农产品的标准化在 2012 年就已经得到解决，只是很多生鲜电商由于会员数量和销售额不够，拿不出这些钱来做标准化。实际上，标准化和销售是相辅相成的，没有标准化，就不可能让销售持续增长，即标准化是根据销售的需求去做的，销售需求改造完之后，客户的需求就增加了，这是一个逆势而上的过程。

然而很多生鲜电商守着顺势思维，认为反正生鲜电商标准化很难实现，就任由这个痛点存在。其实，我们发现，要做好生鲜电商，标准化、工业化、信息化、物联网化是必须的，我们是逆向的，先做标准化，销售才能上涨。

另外一个方面，前几年因为生鲜电商规模都比较小，刚开始起步，并不知道哪些商品适合放在网上销售，哪些不适合，于是就把相关的全品类都放在网上，以此来表明自己是个生鲜电商，也因此非标准化的问题非常突出。

这个问题随着行业和消费者的筛选已经慢慢得到解决，生鲜电商逐渐筛选出适合的商品进行销售。值得一提的是，很多前端的生产者也已经有意识自发地进行商品的标准化。

沱沱的标准化之路也并非一帆风顺的，之前的商品都是以称重这样的菜市场模式来包装的，多退少补，不符合标准化要求，这就是大家所认为的生鲜电商的自然属性。

但在 2013 年 4 月，沱沱开始尝试让所有的菜在出农场时就是标准化的：通过包装和温控等方法把质量额定在 500 克。

这对于叶菜是很好实现的，那么诸如萝卜、白菜这样的商品如何做到标准化呢？表面上看萝卜、白菜大小各异，似乎很难标准化，其实这是因为种植上的标准要求没有实现，解决方案是对它们进行分级处理、分级销售。

目前，沱沱的商品标准化程度已经达到 100%。

误区二：损耗是个难以逾越的障碍

我以沱沱为样本来阐释生鲜电商如何优化损耗。

2012 年，我刚接手沱沱工社时，它的当月损耗为 34%，造成这些损耗的原因很好被归类，主要有四个：首先是由商品周转慢导致的存货损耗，其次是由配送不得当引起的损耗，再次是陈列和消费者需求不符造成的收货损耗，最后是由非标准化导致的生产损耗。前三个是众多生鲜电商的共同困扰，最后一个则是由沱沱还涉足农场端生产所导致的。

这四个损耗的优化难度是递减的，沱沱通过标准化来降低生产损耗，通过完善商品描述来减少退换货，通过改变商品包装和改造温控设备来减少配送损耗。最难解决的是存货损耗。

针对存货损耗，沱沱过去的问题主要是因为订单数和会员数不足，很难判断每个商品的周转率，因此把零售业的考核模式引入到生鲜电商，以提升系统的监控能力。

比如要求叶菜在三天之内必须周转完，当叶菜销售到 1.5 天还有剩余时，生产团队就不允许再出菜了，营销团队则用促销的方式将存货卖掉。

总的来说，沱沱的经验是通过零售业的管控＋保存设备的提升＋配送设备的提升来降低损耗。

从我的经验来看，不要硬放一些本不该在网上售卖的商品。例如，在能力不够的时候，不要随便卖葡萄，有些同行卖葡萄的损耗可以达到 6 成。再如在前几年大家没有掌控蓝莓的成熟度和包装方式，其损耗一直排名前几位。

损耗的降低还依赖于经验的积累和设备的提升。肉类分割是沱沱引以为傲的一个方面。最初它做得并不好，损耗率很高，而现在，每个部位怎么分割都有详尽的培训手册，随着人员操作和设备的改进，这部分的损耗率大为降低。

目前，沱沱工社的总体损耗率已从之前的 34% 降到了 1.75% 以下。

误区三：冷链物流走不远？

至于冷链，我认为不能只从设备上去投入，造成冷链物流走不远的原因其实更深远：第一，缺乏高黏度商品，品类过全；第二，用户的覆盖面太广，无法保证物流速度；第三，用户的复购率比较低，买的商品比较单一，客单价也比较低；第四则是行业的先天属性——生鲜电商可以把 B 端做得很好，但对于 C 端却很难把控。

正是由于认识到这些深层次的原因，我接手沱沱后就对品类进行了删减，商品数量从 5800 个减少为 2600 个，容易形成高频次购买的菜肉禽蛋奶成为沱沱工社的核心商品，重点深耕这些品类，实际上贡献率很低的水果并不在此之列。

我并不认可有些同行一味推单品的做法，这其实是没有去细致地研究用户群与商品匹配度所导致的。单一的商品在冷链行业的生存不难，但是任何农产品的单一化都会造成季节性销售。如果没有几个复杂商品与之组合，就会造成交易额忽上忽下。

在用户覆盖方面，沱沱工社未来将以北京和上海为主要耕耘城市。冷链物流之所以走不远，是因为我们的心走得太远了，认为全国所有的人都是我们的消费群体。但是当我们把消费群体定义成身边的一个城市时，冷链物流是完全可以满足的。

在未来，渠道将是生鲜电商很重要的一种能力，营销和市场是附着在渠道之上的。有些生鲜电商在城市的横向进行了大扩张，但是订单数不足以支撑城市的投入支持，时间久了会出现很多问题。

系好鞋带再跑

以上三点曾是行业共同面临的误区，如今沱沱经过慢慢修正，逐渐步入正轨。近几年来，对于沱沱而言，最大的改造是将生产和供应全产业链过渡到信息化产业链，让沱沱更像一个电商，更像一个零售企业。

同时，现在的沱沱工社已经开始了明确营销的打法。过去我们无法预估第二天的订单量，而现在，我们不仅知道消费者在哪里，而且知晓用什么商品去吸引这些人，并快速地处理订单。

对我而言，这些修正、改造和积累是一个绑鞋带的过程，要"绑好鞋带再跑"。2015 年才是沱沱系紧鞋带起跑的开始。

婚嫁经济遭遇互联网

跟其他行业相比，婚庆是链条非常长的行业，涉及婚宴预订、婚纱摄影、婚戒首饰等各个方面。

2014 年 1 月，已经上线 5 年的结婚业务被大众点评分拆出来，成为一个独立的结婚事业部。而之所以被作为重点业务发展，大众点评 CEO 张涛以四个字来概括：营收可观。

随着"85 后"甚至"90 后"纷纷步入婚龄，结婚产业链条上的一系列行业也在发生着变化，早期通过亲戚朋友介绍寻找靠谱的酒店的模式渐渐被互联网搜索、推荐模式所取代，婚礼也变得日益个性化和时尚化。

这是大众点评业务重心调整的一大原因。早在 2009 年就已上线的大众点评结婚业务，最早只有两三位员工负责运营，多业务并行的大众点评显然不会将重要资源投入结婚业务。但当互联网用户整体年龄结构发生上移，业务层面的转型也成为一件大事。据大众点评联合创始人李璟透露，大众点评结婚业务在 2013 年的收入超过 1 亿元。

大众点评在结婚业务上的投入，折射出业内的一个趋势：婚庆 O2O 正在成为一个热点而被电商领域所关注。

2013 年年底，国内婚嫁 O2O 平台 591 结婚网获得江苏高投旗下紫金文化产业发展基金数千万元投资，这也是 591 结婚网继 2015 年年初获得维西资本旗下辅导期直投基金首轮投资后再获资本青睐。而在此前两年，喜事网也曾宣布获得泰山天使创业基金的投资。

跟其他行业相比，婚庆是链条非常长的行业，涉及婚宴预订、婚纱摄影、婚戒首饰等各个方面。从模式上看，目前国内既有以婚宴这样的标准化产品切入的喜事网、到喜啦等网站，也有专做信息平台的爱结网、大众点评结婚频道，还有为结婚提供一体化解决方案的中国婚博会、591 结婚网等。

不同的模式，对应不同的公司。不管是垂直的喜事网还是信息门户大众点评结婚频道，巨大的婚庆市场背后，是数量繁杂的卖家。

一对新人张罗一场婚礼，前前后后需要拍摄婚纱照、挑选酒店场地，寻找司仪和婚庆公司等，从整体上来看，每一件都离不开落到实地去完成，这也是这一行业难以完全依托互联网发展的原因。正是基于这样的原因，尽管业内对"婚庆 O2O"喊得热火朝天，但各家仍在寻找交易的闭环。

而我们在采访了多家与婚庆相关的公司后，对火爆的"婚庆 O2O"有了更冷静的思考。据我们了解，目前所有婚宴预订的垂直网站，没有任何一家在盈利。纯做信息平台的大众点评，落到实地不过是媒体的逻辑——为线下的婚庆类门店导流量。打着"Online to Offline"旗号的婚庆 O2O 企业，很多活得还不如纯线下模式的中国婚博会。据一位不具姓名的业内人士透露，在结婚的整个产业链中，中国婚博会是少数能赚钱的机构之一。

一边是上万亿元的市场规模，一边是行业内的企业很难赚钱，而外界看这个行业却认为是"暴利"行业。这样一个充满矛盾的行业，有着哪些问题？应如何改变？

第六章　日趋白热化的电商之争

在电商产业逐渐成熟的同时，电商的经营模式雷同、综合性平台趋势让不少服务交叠、同质化竞争倾向加剧等问题，不可避免地导致价格比拼、产业环境恶化。但在传统电商的苦苦挣扎中，我们也发现电商行业的竞争已经变得更加多元化了。因为不同的细分行业的电商成熟度差异很大，所以也许看似"山重水复"的电商也许只是经历了红利期和淘汰期，正在迎来"柳暗花明"、重获溢价的成熟期。只要电商能从差异中找准自身定位，电商新蓝海依然存在。

在线零售的红利期、淘汰期和成熟期

aSPI-core 的值真正由负转正的一天，对中国的电商行业将具有标志性的意义。因为这意味着，笼罩在电商圈头上的价格战阴影正在逐渐消散，电商行业的竞争也会因此变得更加多元化。

aSPI-core（alibaba Shopping Price Index-core，阿里巴巴网购核心商品价格指数），是阿里研究院编制发布的一项衡量主流网购商品成交价格变动的指标。根据其发布的数据，2014 年 10 月，aSPI-core 环比出现小幅上涨，涨幅为 0.53%。同比来看，aSPI-core 较上年同期下跌 1.33%，但跌幅较上月收窄约 0.3 个百分点。

如果把观察周期追溯到中国电商行业引爆的 2011 年，aSPI-core 显示出来的变化趋势则更加有趣。直到 2013 年的上半年，aSPI-core 一直保持在 −4% 以下的低位徘徊。直观的理解就是，在此之前，中国主流网购商品的平均价格每年下滑至少 4%。

但自 2013 年下半年以来，aSPI-core 指数出现了显著的提升。短短半年时间，aSPI-core 从接近 −5% 上涨到了 −2% 的水平，并在 2014 年进一步增

长至 -1% 左右，见下图。

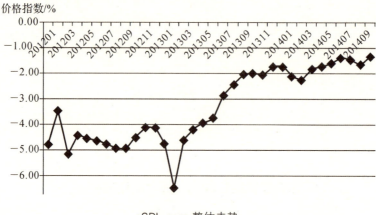

aSPI-core 整体走势

目前，aSPI-core 已经逼近涨跌临界点。

aSPI-core 的值真正由负转正的一天，对中国的电商行业将具有标志性的意义。因为这意味着，笼罩在电商圈头上的价格战阴影正在逐渐消散，电商行业的竞争也会因此变得更加多元化。

从不被待见到盲目打压再到热情拥抱，品牌商对电商的态度在过去几年里出现了180度的大转变。从不信任到小心尝试再到"双11"的疯狂抢购，"剁手"一族更直观地见证了中国电商一步步渗透到我们生活的方方面面的全过程。

而对浸淫其中的商家来说，电商界的每一点风吹草动都会牵动他们的神经，aSPI-core 代表的行业价格走向无疑是让他们又爱又恨的主神经。

以价格变动的转折点为基准，我们把一个行业的在线发展依次分为三个阶段：红利期、淘汰期、成熟期。每个行业在不同的发展时期都会表现出鲜明的特点。

红利期：打掉虚高溢价

电子商务是如何一步一步渗透并影响一个行业的？

我们认为，这首先体现在打掉传统流通行业虚高的加价率上。这一阶段的表现形式非常简单，就是简单粗暴的价格战。先是电子商务跟传统行业打价格战，这属于电子商务的红利期。而当线上市场被引爆，大量消费者和商家涌入的时候，价格战就演变成了卖家与卖家之间的比拼。该行业在线上也因此迅速从蓝海市场走向红海市场。

这一演化规律几乎在所有的行业都被验证过。消费者网购最多的 3C 和服装行业均已走完了这一阶段。3C 产品非常标准化，易于比价，所以即使是很小的优惠也能吸引到用户。前几年，京东与苏宁、国美的骂战可以看作是 3C 产品电商化的第一阶段。

服装电商起于淘宝也兴于淘宝。作为非标品类，服装虽然很难直接比价，但线上价格相对于线下的价格优势太明显了，所以服装电商也以淘宝为根据地，向传统行业展开了摧枯拉朽的攻势。

3C 和服装是国内电商的先行品类，它们早已完成电商化的第一步。而大量正在从新兴走向成熟的品类则正在经历这一阶段，比如家居、母婴、食品，还有服装大类里电商化进程较为落后的细分类目如内衣等。

处于这一阶段的行业特点是价格雪崩式地下滑。家纺是非常典型的一个行业。作为家居用品里面的一个主力品类，家纺电商最近几年一直在高速增长。虽然家纺在线上的规模早已突破百亿元，但它每年仍然保持着翻番的增长速度。

线上家纺市场被引爆的一个核心原因还是在于价格便宜。根据我们曾经做过的一份研究，线下家纺品类的经营效率在服装纺织行业偏低，这就使得传统品牌的加价率较高。同时，罗莱、富安娜这些线下家纺龙头企业的定位都偏向中高端，其售价也都偏高。所以，家纺电商至少能从两个方面降低产品价格：一是开发大众商品，二是用效率优势打压传统品牌的高加价率。

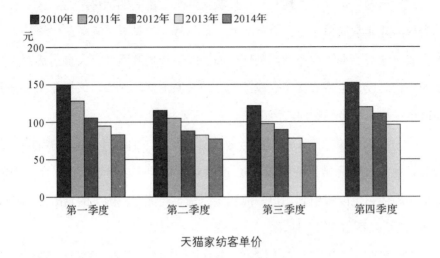

天猫家纺客单价

事实上，像罗莱、富安娜这种传统家纺品牌在线上的价格都比线下低一大截。同时，它们还开发了专门面向互联网渠道的价位更低的子品牌。即便如此，淘宝上仍然充斥着大量比它们价格更低的产品，并且这些产品近年来受到了越来越多网购用户的青睐。

于是，在过去4年多的时间里，家纺行业的客单价每年都要下一个台阶，目前依然没有企稳的迹象。

类似的还有内衣行业。最近几年，从保暖内衣到女士内衣，这个行业掀起了全面的价格战。南极人、北极绒等传统品牌的加入更是将竞争推向了白热化。

电商化的第一阶段是行业的外延式增长阶段，也是野蛮生长的阶段。对电子商务来说，这个阶段的目的是奠定自己在流通体系里的"江湖地位"。

起初，电商的主要竞争对手是线下传统行业，而后逐渐转变为线上同行竞争。电商虽然在这期间收获了市场份额，但盈利却在以更快的速度恶化。

淘汰期：重塑产业格局

价格当然不可能无限下滑，它最终会稳定在某个水平。就行业层面而言，服装的大部分细分类目目前都已进入稳定状态，3C 家电等标品也是如此。

从经营和竞争的角度来看，价格企稳的点是行业整体走向微利，甚至部分卖家亏损出局的临界点。而究其背后的根本原因，则在于电子商务这种业态的高效率决定了它的最低加价率。

在 3C 家电行业，电商主要的身份是渠道商。在这些行业，电商很少切入到上游供应链和品牌环节。经过前几年高举高打的价格战，现在这个行业基本只剩下了以自营为主的京东和积极拉拢品牌的天猫电器城。苏宁、国美等传统家电连锁巨头在线上仍处于突围阶段。

由于电商在这些行业的经营效率更高，只要它们能够在行业里站稳脚跟，而传统企业又不做出相应变革，线上企业的微利基本就能宣判线下企业的慢性死亡。

服装行业的情况相对更加复杂。

首先，我国线下服装行业的发展并不成熟，缺少拥有广泛影响力的大品牌，这给服装电商增添了许多变数。淘品牌试图借助网络翻身、传统品牌对电商长期犹疑不决、工厂品牌对消费市场虎视眈眈，这些因素综合作用导致大量新兴品牌昙花一现。淘宝平台上，服装类目前 100 名品牌的年均淘汰率甚至超过 50%。

其次，我国拥有非常完善和强大的服装产业链，中国出口的纺织服装产品甚至支撑了万亿元级别的海外市场。金融危机以来，由于出口渠道受阻，大量外贸工厂转向国内市场，并且纷纷盯上了电商这种新型商业模式。这就使服装行业的价格战格外惨烈。

我们认为，工厂上线对中国服装电商的影响长期以来被大幅低估。举例来说，凡客跌倒至少在很大程度上与这些工厂品牌有关，因为单纯就性价比而言，凡客在淘宝上的工厂品牌面前根本不值一提。而我们 2013 年的一项研究发现，在款式相对简单的男装行业，工厂品牌占据了天猫市场的 1/3。在品牌不够强大的服装行业，以性价比制胜的工厂品牌更容易发挥出它的优势。

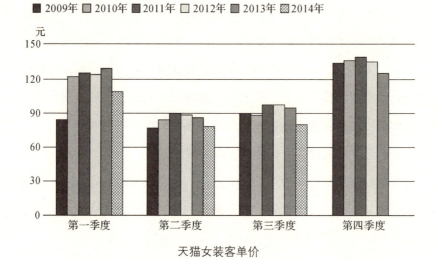

天猫女装客单价

于是乎，这么多年来，国内的服装电商一直深陷价格战的泥沼不能自拔。

女装应该说是淘品牌运作得最为成功的一个市场，但它同样未能幸免于难。早在 2010 年，天猫的女装价格就已基本企稳。之后，大量传统品牌上线以及许多优秀的淘品牌崛起，甚至一度小幅提升了行业的价格水平。

但进入 2014 年以来，激烈的竞争使得价格战进一步升级，女装行业的整体价格水平再次调头向下，不少淘品牌都下调了价格。可以预见，淘宝女装的新一轮洗牌在所难免。而同样的现象也出现在了男装行业。

淘汰期是最痛苦、也是最漫长的一个阶段，目前国内大部分线上发展相对成熟的行业都处于这一阶段。

走完这一阶段后，行业的竞争将逐步从无序走向有序。

成熟期：品牌重拾溢价

在竞争如此激烈的电商行业，价格有可能摆脱束缚往上走么？

答案是：有，箱包和化妆品就是两个非常具有代表性的行业。

箱包曾经是电商关注度非常高的一个行业，因为这个行业出现了一个知名度非常高的公司：麦包包。连续每年 10 倍的增长速度一度让麦包包入选商学院的案例库。背靠箱包生产基地，追求快速反应供应链的措施也让麦包包成了价格杀手。不过，麦包包的后续发展却不尽如人意。

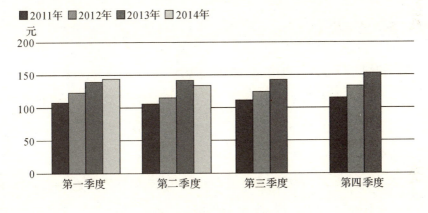

天猫箱包客单价

麦包包未能再续辉煌的原因有很多，但这至少说明价格杀手并不能赢遍天下。麦包包之后，箱包电商再也没出现过那么有影响力的品牌，该行业的品牌化进程在线上推进得也比较缓慢。

但就是在这样的背景下，箱包行业的价格水平却在逆市上涨，成为电商界的一朵奇葩。在这个行业里，我们发现了像紫魅、张小盒这样的小而美的案例。它们的价位并不低，但都非常有个性，受到了小众消费者的认可。

而化妆品可以说是价格战的始作俑者，9.9 元包邮的玩法便出自这里，并且也被这个行业发扬光大。在这个产品成本可以"忽略不计"的行业，涌现出了大量低价的淘品牌。这些品牌在早期迅速地抢占了市场，但也很快遭遇了规模瓶颈。

在线上，国际化妆品品牌、本土化妆品品牌和网络化妆品品牌的价格呈现出明显的从高到低的阶梯分布状态。但网络品牌并没有抢占主流市场，主流市场仍然由传统品牌把控。随着传统品牌的陆续上线，市场的价格水平也被相应地推高了。

箱包和化妆品有其行业特殊性，但这也说明低水平的价格战不是万能的，并且终有到头的一天。

电子商务"坐标系"

不同的细分行业，其电商成熟度相差很大。

从 aSPI-core 分指数的走势来看，衣着类商品的价格在经历了长期的大幅下滑以后，终于在 2013 年下半年初步止住了跌势。目前，aSPI-core 衣着分指数基本稳定在 –2% 的水平，并且有进一步回升的态势。

服装是上线最早、规模最大、商家和用户覆盖最广的品类，它对中国电商行业有启蒙意义。但这个行业的价格战也最惨烈，淘品牌、传统品牌、工厂品牌、投机卖家、资本大佬等多方角力，商家深陷其中不能自拔。

服装价格的企稳预示着一个新时代的到来。这意味着通过优胜劣汰，上述各路玩家在线上重新定义了服装的"价格带"，当然这是比线下低得多的价格水平。在这样的前提下，结合消费升级的大背景，服装电商有望重拾溢价，"小而美"等个性化的玩法也能找到更大的生存空间。

家电 3C 是电商行业的另外一大主流品类。2012 年前后，大量传统家电品牌纷纷上线，点燃了该行业价格战的导火线。同一时期 aSPI-core 家庭设备类分指数出现了小幅的下滑，而后很快企稳。但随着家具、家纺市场在线上的发力，该行业的价格指数在 2014 年开始掉头向下。这说明价格战依然是这些行业的主流玩法，但同时也表明电子商务在这些领域还有很大的外延增长空间。

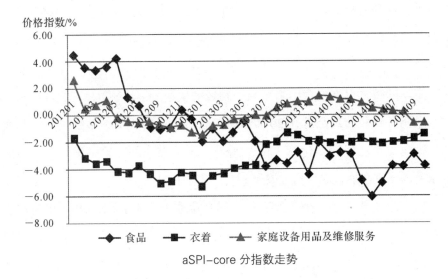

aSPI-core 分指数走势

食品也表现出了类似的规律。近年随着以天猫超市、1号店为代表的生活日用品电商平台的上线，食品行业的价格竞争日趋激烈。aSPI-core 食品分指数由正转负，其跌幅还有不断加深的趋势。

同样，其他行业也都有各自的发展规律和特点。

在宏观经济界，CPI 更多是被用来警示通货膨胀的指标。但在电商界，类似的价格指数 aSPI-core 却长期保持着深度下跌态势。这首先可以印证电子商务在效率上的优势，同时也从侧面反映出行业在线上的发展阶段。

所以，根据 aSPI-core 的走势，我们能够画出电商垂直行业的坐标系，而它应该是企业制定电商经营策略的出发点。

你在该坐标系的哪个位置？

万亿元租房市场出现颠覆者

互联网带来的标准化、系统化、用户至上等理念，让越来越多的年轻人成为长租公寓的房客。但在租房市场，新晋互联网品牌的占比还不到10%。

资本的嗅觉也许预言了未来某一领域的快速发展：YOU+、优客逸家、蘑菇公寓等长租公寓品牌在2014年纷纷获得不菲的投资，上线仅一年时间的上海寓见也已经获得包括天使、Pre-A、A轮在内的三轮融资，房产网站链家网砸下重金加速旗下自如友家和自如寓的拓展……

租房市场并非是一个新的领域，但多位业内人士表示，2014年是长租公寓行业的发展元年。九猪网创始人田浩于2012年进入这一行创业，"但是在2014年7月份之前，资本方对长租这个行业并没有太大的关注度，其他人也是一样。"

随着资本涌入，这个领域的创业者们不约而同地加快部署的速度，在北京、上海等一线城市，大大小小的长租品牌不断涌现并迅速扩张。

特别传统、信息冗杂的租房领域正在被这些创业者用互联网O2O的方式所改变——以分散式长租公寓为例，这些公寓品牌从房东或者中介手中拿到清水房源后进行统一整改，把真实的房源信息和房屋照片挂到网上供租客选择，真实而标准化的房屋产品将租客的不信任感降到最低；房屋出租后为租客提供保洁、维修等个性化增值服务，并打造氛围融洽的租户社交平台，一改传统租房令人头痛的面目。

互联网为长租市场带来了标准化、系统化和用户至上的理念，越来越多的年轻人成为"蘑菇客""自如客"，他们通过官网显示的房源、图片和价格，来高效地选房、看房。

因此，在舒适租房的刚需下，目前品牌长租公寓的空置率都比较低，北京寓见 Home 的创始人罗意预测，高性价比的公寓产品在 10 年内都会是稀缺资源。

然而，在这个号称万亿元级别的租房市场上，这些新晋的互联网品牌的占比依然不到 10%，绝大多数市场仍由中介和二房东等传统角色把持，改造传统的革命才刚刚开始。

二房东 2.0

"长租公寓品牌实际上就是二房东。"一位创业者如是说。只不过，相较于传统鱼龙混杂、小体量的二房东，长租公寓品牌的做法更系统，也更易在品牌驱动下进行规模化。

以往租客租房的痛点在于，要想在烦冗杂乱的租房信息中找到心仪的房子实属不易，为一个房子跑来跑去是租房过程中的家常便饭。这样的痛点为长租品牌公寓提供了足够的市场机会，对白领而言，租房也是一种生活方式。

按照现行的不同打法，长租公寓品牌基本上可以归为两类：集中式和分散式。

前者不难理解，就是集中租下一幢楼进行统一装修，然后出租并统一管理。这是一种类地产开发的长租形式，一次性的工程投入费用很高，但单位面积的获取成本较低，产品价格优势非常明显。北京寓见 Home 就是典型的集中式长租，其出租房的单位面积在 25 ~ 35 平方米之间，户型基本都是带厨房、卫生间的零居室。此类长租房品牌还有 YOU+、自如寓等。

而分散式长租，则是把一个城市或一个区域内散落在各处的房源收集起来，与房东签下 5 ~ 10 年的托管合约，由品牌根据一定标准进行装修或整改，通常采用 N+1 的形式（客厅也被改装成房间），把一套房子的多个房间分租给不同的租户。蘑菇公寓、上海寓见、青客、蜜柚等都是这种分散式长租的代表。

因此，无论是集中式还是分散式，租房品牌都是通过先租入—标准化—再租出的方式来赚取其中的差价。

除了规模化的批发拿房，差价还来源于标准化装修后产生的溢价。传统租房大多只提供简陋的装修和设施，品牌公寓则恰恰相反，通过标准装修来提升房屋的舒适度。同时，这些房屋基本位于地铁站周边等交通便利的位置。蘑菇公寓联合创始人龙东平形象地称这是"花两三千块钱，让你住上六百万元的房子"。

然而，长租公寓品牌并不满足于做"包租公"，在提供高性价比的产品之外，各品牌都在租后服务方面下足了功夫。

租后的保洁、维修、高网速的宽带已然成了长租品牌公寓的标配。此外，服务体验上的创新也层出不穷，成为获得客源的一大竞争力。

上海寓见联合创始人李海军介绍说，所有寓见的房间都赠送 50 ~ 100MB 的免费 Wi-Fi，电灯等简单配件的维修也是免费上门的，打出免费增值牌。

再以蘑菇公寓为例，它在业内率先推出先住后付的"蘑菇宝"服务，租客只需付 1 个月的押金就可以入住蘑菇公寓，一改通常的付三押一的做法，降低租房的门槛。同时，它还和海尔 U-home 达成战略合作协议，通过大数据、云计算等，海尔将为蘑菇公寓提供一套完整的智能家居解决方案。智能家居也是很多品牌正在努力的方向，长租公寓的硬件和服务仍有很大的提升空间。

从产品到服务，并不是终点。营造社交氛围，才是长租公寓品牌们更高层次的追求。

租房也社交

信息对称和透明，是社交的一大前提。

以往，租客在向中介或二房东租房的过程中需要提交简单的个人信息、签订合约，出发点主要是约束双方的租住责任。现在，租客入住长租品牌公寓也需要经过认证，通过身份证、学生证、毕业证、工作证等对租客信息进行验证，同时采集租客的兴趣爱好和星座等个性化信息，这既是出于打造一个可信赖的白领租房社区的考虑，也为发展社交埋下了伏笔。

"比如说，租客想和律师住在一起，我们在他租房的时候会提供相应的选择维度。"龙东平介绍说，这样多重的选择维度可以帮助租客找到投缘的合租对象，减少租客之间发生摩擦的概率，也能提升租客黏性。

同时，公寓品牌们的品牌形象、装修风格、价格区间也进一步将趣味相投的租房人群集合到一起。

蘑菇公寓把它的租客统称为"蘑菇客"，定期向他们推出不同主题的社交活动，比如逢年过节时的聚会，瑜伽、烹饪等免费兴趣课程，让租客从自己的小房间里走出来进行社交。

然而，对于长租公寓品牌来说，社交既是它们热衷的，同时也是尚未规划清晰的一块，还处在摸索阶段。

"说得直白一点，社交的概念大家都在提，做租房市场或者做公寓的，都会提到这一块。"成都蜜柚公寓创始人周洪波说，"社交并不像说的那么简单，很多人只是为了社交而社交。我个人觉得在现阶段做社交不太现实，或者说有些东西是做不起来的，作为一个公寓的运营方，目前还是把产品和服务做好比较实际。"

多位受访者也对这种观点表示了认同。龙东平尽管在力推蘑菇公寓的社交活动，但他也表示，这只是搭建了一个提供社交机会的平台，"至于社交的终点是哪里，我们还没想好，在这个平台上让大家自由发挥吧。"

迭代式疯长

几百间、几千间、几万间的房屋出租，看似是高大上的类地产运作，但实际上，这在业内却被看成是门槛非常低的事情。无论是否房地产背景出身、手中是否握有大笔资金，进入这一行都不是一件特别难的事。

即使是现在略有小成的品牌，最初的起点其实也都并不高，在模式得到市场认可后，这些品牌都开始进入了疯长期。

青客是较早的入行者。2010 年，上海市进行了一个关于青年人才居住难的调研。调研结束后，项目组思考是否能用市场化的手段来解决租房难问题，青客由此诞生。

根据其董事长助理屈成才介绍，青客在成立之初仅以几套房子进行试验，模式在短时间内便得到验证，N+1 的标准化出租房很快都租了出去。2012 年，第一笔天使投资到位后，青客的房源规模达到上百间。接下来房间数量不断增长——2013 年年底达到四五千间，2014 年达到上万间。截至 2015 年 5 月，青客的房屋拥有量为 15000 间。这样的跳跃式增长并不是个例，在屈成才眼中，青客目前还是一个低调的存在。

相比青客这样的创业项目，一些职业二房东也在潮流的推动下转型，罗意就是其中一位。自 2007 年大学毕业后，他一直待在长租房领域，分别尝试过平房分租、地下室分租、城中村出租房、老旧厂房改造等，直到 2013 年创办连锁公寓品牌北京寓见 Home。"我们不是赶潮流的一拨创业者，算是职业二房东的升级版。"罗意这样总结道。

北京寓见 Home 目前有两家分店，罗意透露，新的项目很快会落地。集中式品牌公寓的难点在于，集中拿下整栋物业的承租权很有难度，尤其是在北京。因此，北京寓见 Home 这样的扩张速度并不算慢。

当然，数量上的疯长只是表面现象。为了支撑越来越多的房源，背后系统的升级势在必行。一方面，公寓品牌们正在把自身的系统从最初的收房、装修到出房、再到后续运营进行打通；另一方面，九猪这样的专业房源管理系统开始走红，蜜柚公寓、北京寓见 Home 等都在通过这类管理平台提升管理效率。

长租的未来

"大家的模式都很类似，对差异化的思考并不清晰。"当谈到长租公寓品牌的差异化时，一位创业者这样表示。对于这个观点，其他受访者也均表示认同。

现阶段，创业者们的精力纷纷放在了本地扩张和新城市市场的开拓上。在这个万亿元级别的大市场里，新玩家的体量都很小。以分散式长租为例，即便是规模最大的自如友家，对比传统中介的体量也是相当渺小的。

同时，也正是因为市场广阔，同类模式在短期内并不会面临直接竞争，模糊的品牌边界不会成为现在的困扰。

有一些先行者开始在差异化方面下功夫。蜜柚公寓把自己定义为女性社区，YOU+ 向着创业社区的方向发展。这样的界定看似是把客群的范围缩小了，而实际上是考虑得更为深远。蜜柚公寓周洪波认为："租房只是一个入口，我们给客户解决的不仅仅是房子的问题，还提供了一种生活方式。相对来说，女性用户对生活的需求和消费能力更高。"

在这个入口打开之后，长租公寓品牌们的未来会是怎样呢？在用户数据和现金流不断扩大的基础上，更多新的盈利空间似乎都可在未来打开：在金融方面，可以考虑就租金收入与投资理财公司合作；在社交层面，具有相同属性的人群可进一步拓展交友活动；在营销方面，基于数据的精准投放可在考虑之列……

YOU+ 已经率先在金融领域开始了这种尝试，但对大多数的长租品牌而言，这个还有点遥远。正如李海军说的："我们考虑的恰恰是离钱稍微远一点，让更多的人能够先住进来。到后面你会发现，你有一万种方法可以盈利，因为这个生意离钱太近了。"

中篇 下一代电商的新玩法

第七章　电商新理念

经历过上一波电子商务热潮之后，许多企业开始从电商热中退烧。他们发现，对于规模化企业而言，改进跑步的姿势或许比改变跑步的方向更具现实意义，能让企业跑得更快、更远。例如苏宁，其战略方向已经从全面电商化的"云商模式"转为整合线上线下优势的"一体两翼"模式，可见在企业拥抱电子商务的过程中，基于常识的改进才是核心。同时，对于活过电商寒冬的成熟电商来说，必须认识到用户已从片面地追求低价转向追求效率、便利、服务、品质保证，由此改进自身的发展战略，应该成为下一代电商的新理念。

伤筋动骨的变革

苏宁、国美主要扎根在一、二线市场，它们对刺激政策更加敏感。

单纯从经营的角度看，2012年以来苏宁的表现着实惨淡：苏宁的营收增长近乎停滞，其实体零售在截止到2014年上半年的10个季度中更是有6个季度出现了下滑；2年关店354家，门店数减少99家；净利润每年减少50%，2013年接近盈亏平衡点，2014年上半年进一步大幅亏损。

这些数据均表明苏宁在经营上面临着巨大的压力。

政策透支的负面冲击

当然，一个不容回避的问题是行业的整体性波动。2009年，政府针对家电业提出了三大救市政策——"节能减排""以旧换新"和"家电下乡"政策，这三大政策直接推动了家电行业持续三年的高增长。但是，"节能减排"政策于2011年年中到期，不再延长；"以旧换新"则于2011年年底全部结束。"家电下乡"因为是分批试点，第一批试点省市也于2011年年底到期结束。

刺激政策的退出会直接导致行业增速的下滑，再叠加前期的透支效应，这种影响就显得格外剧烈。2012 年上半年，我国家电行业的整体增长率仅 7.2%，增速出现雪崩。为了缓和行业波动，政府于下半年紧急启动了新一轮的节能补贴政策。虽然此举小幅拉动了家电行业的增长，但终究不能改变增速变缓的大趋势。

苏宁、国美主要扎根在一、二线市场，它们对刺激政策更加敏感。在 2009 年产业救市政策一经推出后，它们的业绩立马得到改善。2010 年是它们内生增长动力最强劲的一年，2011 年则已疲态尽显。进入 2012 年以后，当行业还在低速增长时，它们已经受到了政策透支的负面冲击：可比增长迅速下滑。

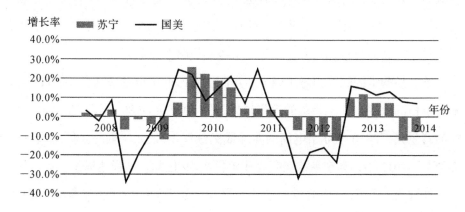

苏宁、国美同店可比增长对比

但 2012 年对苏宁、国美来说，是巩固前期外延扩张成果的阶段。2011 年，苏宁净增门店 373 家，国美更"惨"，净增 417 家。大量的新开门店尚处于培育期，就遭到了市场无情的"扼杀"。这对连锁零售行业来讲是致命的。苏宁甚至在 2012 年年初提出了新开 416 家门店的"大跃进"目标（2012 年实开 158 家新店）。2011 年发布的"10 年规划"中，苏宁还放出了 10 年开店 2000 家和进军东南亚的豪言，足见管理层对行业的未来缺乏预见。

电子商务成救命稻草

实体零售身陷囹圄，电子商务就成了救命稻草。而恰好在这个时候，中国的电商行业来势汹汹，并且苏宁和国美之前就已经提出了电商发展的宏伟蓝图，电商与家电企业似乎一拍即合。

在经历试水和摸索后，2011 年 2 月，苏宁易购开始以独立法人的身份运营，由此带来的福利就是苏宁易购可以享受独立的定价权，这使得它能够在网上大打价格战。

经过 2 年多的战略试错，也让苏宁在 2011 年完整地提出了接下来 10 年的战略规划，苏宁的商业模式被描述为"旗舰店＋电子商务"，以苏宁连锁、乐购仕连锁、苏宁易购三个平台为基础，实现虚实互动。与之对应，2012 年，苏宁易购升级为与总部六大管理部门平级的战略业务单元。

苏宁易购掌握的权力越来越大，集团对它的期望也越来越高。2011 年，随着价格的放权，苏宁易购的销售目标是保 50 亿元冲 80 亿元。制订这一目标的背景是，2010 年苏宁电商的实际成交额仅 12 亿元（剔除 8 亿元线下成交额）。2011 年，苏宁易购实际完成销售额 59 亿元，勉强达标。

2012 年，随着战略地位的进一步提高，苏宁易购的目标被提到了天文数字：保 200 亿元冲 300 亿元。苏宁易购的最终收入定格在 152 亿元，苏宁电商已经开始力不从心。

在总结 2012 年电商业务发展情况时，苏宁用了"市场培育""恶性竞争""不规范"等关键词。在 2013 年年初的全国"两会"上，作为人大代表的苏宁集团董事长张近东提交了对电商征税的提案，一时引来了行业的炮轰，但这也足见苏宁对做大电商的迫切与无奈。

苏宁 2012 年的表现为它刚刚提出的"10 年规划"判了死刑，"云商模式"接踵而至。

全面互联网化

2013 年 2 月 22 日，苏宁正式将企业名称中的"电器"二字去掉，更名为苏宁云商。这既是贯彻苏宁 2012 年以来大规模扩品类、去电器化的举措，冠名互联网最时髦的"云"字，又体现了苏宁全面互联网化的决心。

云商模式被苏宁描述为"店商＋电商＋零售服务商"模式，简单的理解就是前端渠道融合，后端物流、金融等基础设施支撑包括开放平台业务在内的所有业务。因此，2013 年成为苏宁的 O2O 元年。

为了适应云商模式，苏宁在组织架构上也进行了相应调整，成立了五大管理总部、三大经营总部、28 个产品事业部和 60 个经营大区。其中，三大经营总部由线上电商、线下店商和商品经营总部构成。

之后，苏宁又继续祭出了许多大动作：线上线下同价、门店互联网化、店面寻源等底层系统上线、KPI 改革、收购 PPTV……这里面的每一项措施对苏宁传统业务的影响都深入骨髓，苏宁已经使出了壮士断腕的魄力。

但是苏宁的业绩丝毫没有停止下滑的趋势。

2013 年上半年，苏宁出现"回光返照"。这一时期，国内房地产行业稍有回暖，带动家电行业同步回升，苏宁的销售额增长强劲。同时，苏宁在全渠道发力价格战，导致综合毛利率从上一期的 19% 快速下跌至 15.4%，下降了 3.6 个百分点。但得益于良好的费用控制，苏宁仍在该期间获得了 1.2% 的净利润。

但奇怪的是自 2013 年 6 月份苏宁大张旗鼓地推行线上线下同价政策以来，苏宁的收入不升反降，当期便下滑 2.7%。苏宁的毛利并没有明显恶化，但费用却开始失控，带来了高达 5.5 亿元的净亏损。而且这一现象一直持续到 2014 年。

因为"十年规划"难以执行，苏宁的战略发生了摇摆。但新的战略执行起来依然是跌跌撞撞。

张近东把 2014 年定义为苏宁的战略执行年。执行什么战略呢？不是"十年规划"，也不是后来的"云商模式"，而是 2013 年 8 月份苏宁提出的"一体两翼"互联网路线图。

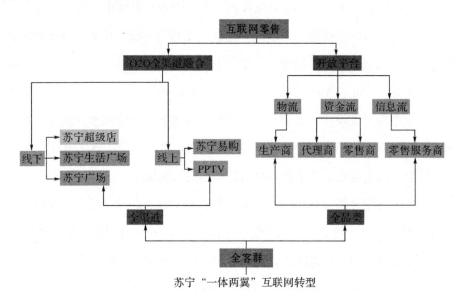

苏宁"一体两翼"互联网转型

苏宁"一体两翼"互联网路线图

"一体"指的是以互联网零售为主体，"两翼"指的是 O2O 全渠道融合和线上线下开放平台。如果你稍作对比的话，会发现"一体两翼"与"十年规划"相比发生了 180 度的大转弯。苏宁易购的采销功能被整合进集团各地分公司，线上部门除保留南京面向全国的实库自营业务外，主要向开放平台转型。苏宁电商被肢解，但它在公司又无处不在。互联网零售已经反客为主成为苏宁的主体。

关于苏宁"一体两翼"战略本身，我们不想做过多解读。很难说我们理解了它的精髓，而且也有可能苏宁又错了。但是从苏宁执行该路线图以来一年的表现，我们能够一窥苏宁的"内核"。

苏宁易购虚胖大过强壮

第一个我们可以试图去揣测的问题是：位列中国 B2C 行业前三甲，年销售额超 200 亿元的苏宁易购到底是一个什么样的概念？

2012 年是苏宁易购全力冲刺的一年，它的营收增速逐季增高，并在 2012 年第四季度获得了历史最高增速。之后，苏宁易购的增速一路下滑。2013 年第四季度，苏宁易购营收较上年同期持平。而 2014 年上半年，它的营收已连续两个季度下滑。

在与投资者的交流中，苏宁将电商的下滑归咎于公司主动放弃对电商粗放型增长的追求，所以苏宁易购今年放弃了往年例行的"0 元购"大促活动。不打价格战，失去集团资源拉动，苏宁易购销量应声下滑。苏宁同时还透露，网站 PV 大于 5 的有效用户也几无增长，可见苏宁易购的内生增长动力依然不足。

此外，苏宁的开放平台推进得也不甚理想。目前，平台业务占苏宁易购整体 GMV 的 10% 左右，约合每年 20 亿元。这一规模很难在目前中国的电商行业以平台的身份立足，苏宁的去电器化目标任重道远。

掩藏在庞大身躯里的苏宁易购仍然是虚胖大过强壮。

物流能力显优势

第二个问题是：苏宁作为一个拥有 18 万名员工的巨大组织，它有多经得起折腾？特别是在近年来苏宁战略数度摇摆的背景下，组织的这种"抗折腾"能力尤其重要。

2013 年年底，苏宁升级了 IT 系统，将物流系统从 SAP 升级到了 LES 系统，但系统切换过程中出现重大问题，导致从 2013 年年底到 2014 年 2 月初，许多一线员工无法有效完成销售任务。同时，2014 年年初的组织融合步伐过快，新运营架构下采购和运营协调不到位，导致区域层面无法顺畅运作。这些意外都对苏宁 2014 年上半年的业绩产生了重大影响。

可见不论是系统还是组织，苏宁都还存在许多硬伤。对苏宁同价策略实行以来的惨淡表现，执行不到位应该负有不小责任。

当然，像苏宁这么大规模的转型免不了受到来自内部和外部的阻力。线上线下同价导致供应商转投竞争对手的怀抱，苏宁紧盯京东却被国美抄了后路……这些因素都影响了苏宁的业绩。

苏宁的"一体两翼"互联网路线图能否成功贯彻下去，现在判断还为时尚早。但如果撇开战略和风险不谈，苏宁还有哪些值得称道的资本？

我们认为最重要的当属苏宁积累下来的供应链能力，特别是后端物流能力。苏宁在其中花费的上百亿元的投入终于有望获得回报了。2014 年年初，苏宁将旗下的物流业务独立出来，以社会化的方式进行了重构。同时，苏宁已经在 164 个城市获得了快递资质。

目前，苏宁在大件商品的配送方面存在着非常大的优势，当费用适当优化后，物流有望成为苏宁投资变现的一个渠道。

苏宁的另外一大资源是它旗下的 1583 家门店。虽然目前实体零售仍处在风雨飘摇之中，但不可否认的是在体验、服务等方面，苏宁确实存在许多虚拟渠道无法替代的优势。问题在于，实体渠道的这些优势将在何时、何地、以何种方式体现出来？如今，苏宁的 Expo 旗舰店、乐购仕生活广场都还处于探索阶段。

将试错不断积累

相信再也没有一家企业像苏宁这般密集地提出过那么多战略。自苏宁问鼎中国连锁零售头把交椅以来，从 2009 年的"3 年攻略"，到 2011 年的"10 年规划"，再到 2013 年的"云商模式"，以及随后的"一体两翼"互联网路线图，苏宁一直在折腾。

但与之相伴的是，苏宁面临的环境更加复杂多变。金融危机、4万亿元投资、行业剧变、电商冲击……这些错综复杂的因素交织在一起，外加一些非理性的人为因素，使得行业前景扑朔迷离。再英明的企业家也很难在这样的环境里制订出不用试错的发展规划。

虽然经历了这么多年的试错，苏宁在中短期内依然看不到光明的前途，但它终究沉淀了一些核心资源和能力。而且，这个组织也展现出了非常强的容错能力，这是值得所有企业借鉴学习的地方。

没有人会否认电商和实体连锁的价值。目前苏宁的电商可能还不是做得最好的，它的实体零售也面临着巨大的挑战，但它可能是中国零售行业将电商与连锁零售结合得最好的公司。

或许，这就是苏宁值得想象的地方。

转型本质不在技术

对于规模化企业而言，改进跑步的姿势会比改变跑步的方向更具现实意义，能让企业跑得更快、更远。

近年来，全球零售业正在发生着巨大的变化。

以零售业最为发达的美国来看，根据 Shopertrak 对全美 40000 家实体店铺的客流量统计显示，2013 年最后两个月销售额上涨了 2.7%，但客流量却下降了 14.6%，同期这些店铺的线上生意增长率为 10%。

而这一数据，在中国传统实体企业更为严峻，虚拟渠道的增长率仍然在50% 以上，渠道替代的此消彼长仍然在加剧，众多传统零售企业同店增长早已成为负值，一半以上的企业已经被逼接近盈亏平衡点。

面对如此严峻的形势，利用技术和创新来引导企业转型似乎是传统企业的经营决策者唯一的选择。对于传统企业而言，最主流、最直接的转型方式便是O2O。然而多数O2O的案例都在高调开局后陷入悄无声息的尴尬境地，为此，质疑和指责的声音此起彼伏。

O2O的指数从峰值开始滑落，期望"一夜暴富"的人们纷纷失望，对O2O的痴迷和膜拜逐渐动摇。面对各种前途未卜并且眼花缭乱的技术与创新，企业家们似乎回到了20世纪末面对ERP时的两难选择："不上等死，上了找死"。

通过对国内外一些实践案例进行研究和分析，笔者认为规模化的企业依靠技术和创新转型，其实是一个无解的命题。或者更准确地说，更多的转型其实是为了治愈甚至是掩盖企业的"老毛病"而提出的口号，但在所谓的转型过程中，往往发现"老毛病"未改，反而增添了更多的"新毛病"。

传统企业真正的出路在于找到自己在特定市场中存在的价值或者立足点，洞察未来影响零售的技术与趋势，做一些简单但实际的改进。当零售的巨大变革给企业带来新挑战之时，改进跑步的姿势会比改变跑步的方向更具现实意义，能让企业跑得更快、更远。但这种常识性的选择，往往在浮躁的变革中被冠以"保守派"的名头。

企业性格下的转型梦

根据笔者有限的认知，最近几十年来，中型以上规模的零售企业转型成功的案例几乎为零，更何况传统企业向互联网企业转型的未知新旅途。

从某种意义上说，企业和人类很类似，都具有自己的性格特征。一个人什么都能改，但性格很难发生本质改变，即使少数人在遭到重大变故后性情大变，但多数只是掩饰和隐藏。而企业亦然。

　　首先，通过创始人或公司灵魂人物对企业的战略安排以及运营过程，他们的性格特征日复一日地植入到企业中，这可以被称之为"价值观"，但笔者认为称之为"企业的性格"更通俗易懂。

　　其次，在零售行业，"企业的性格"会更明显。凡是能够生存并达到中型规模以上的零售品牌或者渠道品牌，都是依靠成千上万次对某些产品和关键运营环节的重复、改善和提高，才在消费群体中形成了一个清晰的定位。与此同时，供应链上各个环节、企业内部员工和相关利益主体，经过了长期的磨合对企业产生了特定的认识、协同和反应。

　　所以，当一个企业的实际控制权没有发生变化，在其生命周期内，转型实际上是个无解的命题。

　　当然，有人会用当今最牛的数字动画工作室皮克斯（Pixar）作为转型成功的公司案例。1988 年时的皮克斯只是一家小公司，生产图像功能强大的计算机。但由于产品价格非常昂贵，全年只卖出了 120 台电脑，面临倒闭。其旗下五六个人的制图小组制作了动画短片《锡铁小兵》，获得奥斯卡奖，于是就有了后来的成功。

　　皮克斯是一家从生产图像处理功能的电脑转为专门制作电脑动画的公司。但实际上该公司在 1988 年只是一个大约 120 人的小公司，这种转变顶多是公司在成长过程中的一个选择。如同一个小孩学画画，昨天拿蜡笔画了一只小鸟，今天拿水彩涂鸦，笔者认为应该不在转型的范畴之中。

　　IBM 服务转型、Intel 从微存储转型微处理器等案例也与此类似。但认真研究后可以发现，它们其实只是做了一些"姿势调整"而已，并非改变方向。例如 IBM 的服务转型，那么多年看下来，本质上就是把原来售前部门的业务独立包装，提升一个层级，转变成"高大上"的销售而已。

　　如果非要在国内找案例，笔者推荐持续观察苏宁和海尔。从公开信息来看，苏宁确实在"转型"，不仅仅是把名字改成"云商"，而是在这几年折腾电商和全渠道的过程中，每次都有大大的决心和口号，也对应着不菲的投入。圈内人士都知道，苏宁用世界上最贵的公司之一来做电商技术外包，其转型决心之大可见一斑。其实很多年前笔者和圈子里的朋友讨论过苏宁可以选择的一个常识性的路径：在京东所有做广告的地方都做广告，针对京东所有的商品进行比价后定价，然后加上自营网点退换货。但苏宁显然决心要做中国第一的"云商"。当然，零售是一个马拉松似的过程，现在输赢未定，就让我们耐心等待结果，看看是否可以完成传说中的"转型"。

基于常识的改进才是核心

转型之路不通，企业又面临着销售持续下滑的现状，总不能等死吧？在笔者看来，企业要做的是"少提转型的口号，多做简单实际的改变"。

而这一观点的运营核心在于企业家首先要判断改变的方向是什么，做好这个判断的前提是要能够洞察未来影响零售行业的技术和趋势。而这些趋势中的运营要素，其实一直在企业中存在，只不过需要做一些优先级或是运营模式的调整而已。

北美零售业已对全渠道思想达成共识：消费者已经在商品研究、浏览和搜索、试穿、交易等各个环节变得可"移动"了，可以随意在线上线下跳转。因此，零售变得越来越复杂：需求预测、管理和移动存货、集成实体、虚拟和移动渠道等。

2014 年 1 月，全美零售联盟年会（National Retail Federation's Annual）在纽约召开，对未来影响零售行业的技术和趋势进行总结。笔者以其中一条总结——"社交的互联化"为例进行分析，聊聊什么是常识性的改进。

传统的传播方式发生了本质的变化已是共识，因此几乎所有企业都开通了微信和微博的公众号，大部分知名零售企业还开发了自己的 App。从形式上看，大部分零售品牌似乎极具社交性。但作为普通消费者，我们的感受是什么呢？与之前相比，是否得到了更好的服务体验呢？答案是否定的。

究其原因，大多数企业的社交系统是搭建在技术基础上，而非企业社交本质的基础上。何谓企业社交本质？以实体店购物为例，这是一个高度的社交活动，营业员和顾客的面对面交流，如同邻居和朋友的交流。如果零售企业没有解决或者没有计划解决营业员的服务问题，搭建什么系统都是白费工夫。

国内零售的服务问题是什么？消费者的体验大抵上有两种：过度的热情或者冷漠。正如雕爷在他一篇文章中的总结——"国内缺乏有尊严的服务"。具体而言，大多数零售企业的营业员仍然是品牌商的员工，她们受到双重管理。除了品牌公司有很多规范，她们还在被称为"乙方"的零售商的场所内工作，要接受"乙方"的管理。传统零售商对营业员的管理，只要看看"乙方"对营业员的各种规定和各种名目的罚款，就可以理解他每天工作的心情和状态了。社交的前提是尊严和平等，营业员作为被管理的对象，而她们又是顾客最主要触点的承载者。因此，在传统的营业员管理体制下，不管企业采用何种系统和软件，消费者体验不会发生本质改变。而且更可怕的是，原来企业内部或者局部的问题由于技术和媒体的创新，很容易被传播和放大。

事实上，有效的方法往往是常识性的，简单而实际，并不需要多么的专业。

笔者曾陪同一位美国的投资人在国内参观零售企业，他曾经投资过美国最大的专业运动户外店 Dickies。每到一家门店，他第一个去看的是营业员休息和就餐的场所。对此，他的解释很简单：零售是一个服务业，营业员如果吃不好、休息不好，怎么会微笑对待顾客呢？一家没有微笑的企业，你怎么想象得出它是一家做服务的企业？

因此，每一个零售企业真正的社交产品，应该是营业员和顾客在传统社交模式的基础上，进行空间和时间等方面的延伸。在开通企业各种"号"之前，我们首先要面对一个问题：从年入千万元的老板想要的社交系统，传导到月入几千元的营业员，再由营业员呈现给消费者，要经过多少环节和细节？答案是令人绝望的：如果仅仅依靠技术和规范是不可能做到的！因此，首要问题是解决营业员发自内心的微笑和服务动机。基于对营业员的服务动机提升和激励的社交产品，才是零售社交目前最朴素、最靠谱的选择。

从北美近百年零售历史来看，当面对困境的时候，试图期望通过技术或者创新，抑或是通过一个完整无懈可击的系统方案进行转型，其概率就如同成功预测德国队和巴西队在世界杯比赛时的比分一样低。

未来影响零售行业的技术和趋势

2014 年 1 月的全美零售联盟年会对未来影响零售行业的技术和趋势进行了总结：

（1）渠道同步技术：保障消费者在主要消费环节以及各渠道中无障碍跳转；

（2）大数据应用技术：将大数据用于优化运营、改善价格组合、需求预测及补货，以及提供符合消费者需求的品类组合；

（3）智能终端及移动性技术：不仅仅局限于 App，而是要包括企业内部人员同样适用的智能终端和应用，以更好地实现真正的消费"移动性"；

（4）存货可见性技术：让消费者了解存货位置比告诉他什么时候到货更有价值，要通过技术实现存货管理可见性和顾客的可见性同步；

（5）客户关系管理的智能模型：传统 CRM 的很多理论模型基础已经发生变化，需要持续优化模型来对顾客的忠诚度进行管理；

（6）集成技术：全渠道意味着无缝，无缝意味着需要集成各个渠道的数据和业务流程，做好对不同数据实时同步还是延时同步的基本判断是企业信息化的基本出发点；

（7）服务全球顾客的能力：由于虚拟渠道的存在，将需要面对全球考虑供应链和运营，以及对应的数据和信息处理；

（8）交易取决于在正确的时间、地点提供最可能的优惠价格的特定商品的技术：这个概念是老概念，但方式已经发生了本质变化。要达成整个能力，需要通过品类规划、主力品类、单品生命周期管理、价格优化、降价、库存调整等环节配合完成，但这些环节都有新的技术和方法，传统的将名牌打折出售的简单方法胜算概率已经不高；

（9）各种阻止实体店成为"试衣间"的技术：通过店内提供的各种设备和比较价格的手段，自动的 Price Match（这是北美零售商的常规手段，即消费者只要发现其他零售企业同款商品价格更低，或者在退货周期内该款商品降价了，都可以低价格成交或者获得补偿），促使消费者在实体店内完成交易；

（10）社交的互联网化：实体店购物本来就是一个高度的社交活动，营业员和顾客的面对面交流，如同邻居和朋友的交流。因此，互联网的社交只不过可以使原来的传统模式更具有杠杆作用而已。可以利用社交媒体和工具更好地聆听、积累从顾客交流中学到的东西，然后用社交工具和最佳营销实践建立更好的、无缝的顾客关系。

"互联网＋"的本质是电子商务化

"互联网＋"实际上是从增量到存量的改革路径，过去 15 年阿里巴巴做的是电子商务，今后将重点推进商务电子化，实际上就是希望用互联网、云计算和大数据技术推动传统产业的转型升级。

"互联网＋"是指以互联网为主的一整套信息技术（包括移动互联网、

云计算、大数据技术等）在经济、社会生活各部门的扩散、应用过程。互联网作为一种通用技术，和100年前的电力技术、200年前的蒸汽机技术一样，对人类经济社会产生了巨大、深远且广泛的影响。

"互联网+"的本质是传统产业的在线化、数据化。网络零售、在线批发、跨境电商、快的打车、淘点点所做的工作都是努力实现交易的在线化。只有商品、人和交易行为迁移到互联网上，才能实现"在线化"；只有"在线"才可以实现数据的沉淀、积累、挖掘和使用。在线化、数据化之后就可以通过大数据反过来指导生产经营和管理。

"互联网+"的内涵不同于之前的"信息化"，或者说互联网重新定义了信息化。我们把信息化定义为ICT（In Circuit Tester，在线测试仪）技术不断应用深化的过程。但是，如果ICT技术的普及、应用，没有释放出信息和数据的流动性，促进信息（数据）在跨组织、跨地域的广泛分享使用，就会出现"IT黑洞"陷阱，信息化效益难以体现。在互联网时代，信息化正在回归这个本质。互联网是迄今为止人类所看到的信息处理成本最低的基础设施。互联网天然具备的全球开放、平等、透明等特性使得信息（数据）在工业社会中被压抑的巨大潜力爆发出来，转化成巨大的生产力，成为社会财富增长的新源泉。例如，淘宝网作为架构在互联网上的商务交易平台，促进了商品供给—消费需求数据（信息）在全国、全球范围内的广泛流通、分享和对接，形成一个超级在线大市场，极大地促进了中国流通业的效率和水平，释放了内需消费潜力。

"互联网+"的前提是互联网作为一种基础设施广泛安装。英国演化经济学家卡萝塔·佩蕾丝认为，每一次大的技术革命都形成了与其相适应的技术—经济范式。这个过程会经历两个阶段：第一阶段是新兴产业的兴起和新基础设施的广泛安装；而第二个阶段是各行各业应用的蓬勃发展和收获（每个阶段各20～30年）。2014年是互联网进入中国20周年，中国迄今已经有6.3

亿网民，近 5 亿智能手机用户，通信网络的进步以及互联网、智能手机、智能芯片在企业、人群和物体中的广泛安装，为下一阶段的"互联网＋"奠定了坚实的基础。

下一代电商是去中心化的

PC 电商基本上等同于实物电商，移动电商则倾向于生活服务类。

编者按：作为一名曾经的游泳者，已经上岸的黄若仍喜欢以教练的姿态去看待后来者的泳姿："这条河道我游了三十年，我知道在哪个地方可能会有危险。角度就和别人不一样。"

从曾经的职业经理人，变身为今天的投资人、电商观察者，黄若喜欢提起自己的三杯茶理论：模式上有什么创新、经营效率是否高、运营是否精细化，是这三杯茶的核心要点。而新书《再看电商》则沉淀了他的多年思考。

看项目三杯茶

从投资人的角度评价一家电商公司，我第一点要看的就是，它在模式上有什么不同。例如，唯品会、聚美优品以散货的方式来拉拢消费，它们在模式上有创新。作为一个投资人，投模式的钱，风险最高，获益也最大。

但是，如果你公司的模式和别人没什么不同，那我们来换第二杯茶，来谈谈你的经营：运营上有什么特点，效率是不是比别人高，成本是不是比别人控制得好，周转是不是比别人快，员工的流失率是不是低于行业平均水准。

倘若这些方面也缺乏可圈可点之处，那我们再换一杯茶，来探讨顾客的流失率和活跃度。比如，每100个用户到你这里来买东西，过了一年，行业的顾客流失率是60%，你的是40%。那就意味着，几年之后，你留下的客人会比别人多，这些客户会持续给你带来收益。作为一个寻求融资的项目，倘若不具备这三点，我本人并不看好。

补贴式低价不可持续

社会需要追求可持续发展，行业同样也要考虑可持续发展，这也是我们所有做电商、分析电商的人应该考虑的。

电商经过10年的发展，从某种意义上来说一直在重复过去，大家都在津津乐道电商的规模有多大、融了多少钱、GDP有多少。但从整个行业来讲，却是先烧钱找用户，再融资做规模，再烧钱，不上市就死掉，一直在重复。

但是我觉得，这种模式不是一个可持续的模式。所以，《我看电商》《再看电商》书里很多内容就是在思考这个问题。我们做经营的人，不能因为拼命追求价格，而忽略了提供给顾客的核心价值。便宜低价，真不是谁都可以做到。

什么叫低价？低价可以分为两种，一种是进价80元，别人卖100元，而我把销售成本从20元压到15元，卖95元；第二种是采购量较大，别人采购价80元，而我能够压到75元。而这些年电商的低价却不同于这两类，几乎都是补贴式低价。靠补贴式倾销来获得市场，可不可以这样做呢？在行业发展的早期可以这样做。但是，这是不可持续的，到了这个阶段，电商需求开始移动化了，消费者变得更挑剔、更理性了，我建议不玩。

下一代电商是去中心化的

在国内，我们从小就被灌输了很多东西：三字经、唐诗宋词、数学定理等，这些知识其实是一个个点。但在我的理解里，西式教育更多是启发式的，所以西方的教育更多的是线的教育。

这两者的差异造就了中西方管理思维上的差异。我们会发现，很多企业，尤其是中国企业，都会出现两头沉的现象：战略很好，定位很高远，对市场的宏观把控也很准，资金链很长，有一票人能把事情做好，但两头没有绳子串起来。很多企业最缺的就是中间的这条线，从管理的角度看，我觉得这是整个互联网行业的普遍问题。

我们现在看到的早期进入这个行业的人，已经成为既得利益者，他们发出的最大的声音就是：这是一片红海，99% 的人都会死掉，请你不要进来。十几、二十年前，他们是革命者、农民起义军，但是他们今天打下了江山，成为地主了，就一直很害怕后面的人把他们推翻。这种趋势对众多的创业者来讲，其实是一件好事。因为当这种声音冒出来的时候，就意味着他们已经故步自封了。

下一轮的创业者，我最不希望看到的是他们用上一轮创业者的路数去做今后五年、十年的电商创业。下一步的发展，一定会往新的方向，走新的路径、新的载体。

我觉得下一轮的电商是去中心化的，这意味着，你的电商模式，如果能够建立在几十万的用户上，就能维持一家公司的经营。

未来十年大趋势

PC 电商基本上等同于实物电商，移动电商则倾向生活服务类。这个趋势早在 18 个月前就能预见。比如说，我们现在看到的微信里，做得最好的就是生活服务类的电商。我住的那幢楼下面有个卖羊肉串的大叔，现在 80% 的生意来自微信。这就是移动端和 PC 端非常不一样的地方。PC 端做电商需要有比较高的专业技巧，你要懂得拍照片、抠图。而这个卖羊肉串的大叔就很简单，在微信上给羊肉串拍个照片，写一行字标明社区。要羊肉串的客户只要提前 15 分钟下个订单，他就送过去。

这个趋势很明显。过去 10 年，电商的主题永远是便宜低价。但是它的重要性正在降低，这是和顾客年龄增长、收入水平提高有关的。

为什么呢？我们都承认今天要买东西，最便宜的方式还是淘宝，但是，在淘宝上购物时间比较长。比如买书，淘宝上有 200 个人卖这本书，就算你不讨价还价，也要从 200 个人里选出一家店来购买。但是如果你在京东或亚马逊，可能只要 5 分钟就能买完一本书。5 年前、8 年前，因为那时电商用户整体很年轻，更看重价格。但是随着年龄的增长，价格以外的其他因素会慢慢凸显，比如时间、便利、服务的持续性。当年那些二十三四岁的年轻人，现在基本都已经结婚成家，这也意味着，未来越来越多的用户会从片面地追求低价转向追求效率、便利、服务、品质保证。

电商环境变了，淘宝有四大方向

淘宝致力于打造一个创业、创新和创造的基地，帮助商家打造自己的品牌，实现梦想。

淘宝网副总裁张勤（花名杨过）在 2015 年淘宝年度卖家大会的演讲中说，淘宝希望通过"淘宝＋"计划成为优秀的电商创业基地，为此确定了 2015 年的四大业务方向，并推出多样化的服务支持，让更多的优质商品和卖家浮出。

以下为张勤在此次卖家大会上的分享。

消费、物流、供给"变化多端"

张勤指出，2014年整个电商的外部环境有以下三大变化：

第一，从消费端来看，有品质化、年轻化、移动化三大变化。

首先，品质化消费凸显。从2014年春节期间大量消费者跑到日本买马桶盖可以看出，消费者对商品品质的要求不断升级，不再局限于国产品牌。随着消费需求向海外延伸，全球购和海淘业务发展迅速，成为新的创业方向；大量海外商品涌入国内市场，逐渐向日常生活用品靠拢，新一波品类迁移将会提前到来。

其次，85后如今已进入生育子女、装修房子的硬消费需求阶段，而90后的消费需求则代表着未来商业的发展方向，泛90后人群逐渐成为消费主力。以淘宝网的新势力周活动为例，电商平台为抢占这一消费人群，在产品推送上会不断进行调整，孵化、推送更多的个性化品牌。

再次，消费者碎片化购物时间增加，移动流量占比迅速上升。如今无线端已迈过尝试阶段，进入到加速发展阶段。无线销售占比低于50%意味着商家错失了消费者的购物时间，在未来竞争中十分不利。

第二，从物流端来看，主要有跨领域、重服务两大变化。

首先，与国外相比，随着电商的发展，中国的物流行业发展更为迅速，并且逐渐向高附加值领域拓展。以生鲜为例，冷链物流技术的提高让生鲜电商成为可能。未来，物流将会触及更多新领域、新商品。

其次，物流服务明显提升。将包裹送到消费者手中并不代表服务的终点，越来越多的企业提供安装或者高单价商品的配送服务，实木家具、沙发以及各种组装家具等大件商品消费增加。

第三，在供给端即卖家端，品牌竞争更为激烈。

大量的传统线下品牌"触电"，电商跃升为商业"必需品"。海外品牌通过开旗舰店或发展代理商等方式打入中国市场。第一代淘品牌渐行渐远，更多新的网络品牌崛起。

随着人口红利下降，更多的蓝海市场变为红海市场，电商品牌需要与传统品牌和海外品牌共同争夺消费者，未来在供给端的竞争会更加激烈。

四大方向：中国质造、海淘、地域特产、垂直化

"互联网+"是指通过互联网改变传统产业，在电子商务领域，淘宝要做"淘宝+"，通过淘宝网搭建平台，与卖家一起革新、开拓各行业。

目前，众多的品牌、产品或服务并未满足不断升级的消费需求，外部环境的变化促使商家开始思考如何更好地匹配供给与需求。淘宝致力于打造一个创业、创新和创造的基地，通过提供完整的电子商务基础服务，帮助商家打造自己的品牌，实现梦想。

淘宝有四大方向：

一是"中国质造"。目前中国有很多生产能力非常强的产业带，由于此前长年以代工为主，很多产业带没有自己的品牌。中国劳动力成本提高之后，国际品牌开始转移代工地，产业基地面临转型压力。

众所周知，福建是世界鞋都，它提供了全球80%以上的运动鞋产品，以泉州和莆田为两大主力。莆田过去给耐克、阿迪达斯等国际品牌做代工，当这些国际品牌把生产基地转移到东南亚后，当地企业便面临转型的压力。

淘宝希望通过正面引导，帮助这些企业建立新品牌，建立品牌质量保障体系，逐步摘掉"山寨""假货"的标签，实现产业转型和长远发展。

二是海淘。淘宝全球购致力于打造全球好商品发展机制，推出更多在当地有特色但暂时还不为众多消费者所知的特色产品，营造更好的购物体验。

三是地域特产。淘宝会和全国各地的县长沟通，与当地的农业电商、小农企业合作，让更多的农产品上线，满足消费者对安全、有机食品的需求。

农业电商市场很大，达万亿元规模，打造新的互联网品牌能为农业电商增长带来巨大的想象空间。

四是行业的垂直化。接下来淘宝会进行行业整合，把相应的类目围绕人群、商品进行垂直市场化，进而品牌化。金牌卖家将会被植入到垂直市场中，平台会推出每个行业的金牌卖家所需要的资质和服务能力指标。

除了对现有的行业市场进行整合并推广新品牌外，还要寻找新的市场。目前通过平台进行采购的企业数量很大，未来这块或将被独立出来，推出一个面向企业的小微快采业务，满足个性化、小批量的采购需求。

三大支持：类型区分、运营工具、营销产品多样化

有了方向之后，如何才能更好地服务卖家？

首先，淘宝将会推出多样化的卖家类型区分，把店铺类型分为个人店和企业店，通过在前台实行差异化的展示，充分反映每个卖家的经营能力、货品资源和服务能力。

此外，淘宝还会针对个别行业推出更多的资质要求。就食品行业来说，未来或许会配合相关部门，对食品卖家提出更高的流通许可及经营资质的要求。鉴于保健品等商品的特殊性，相应地对卖家有特殊的要求，而不是只要有一个身份证就能够开店卖商品。

其次是卖家工具多样化。基于卖家不同的运营能力会推出不同的工具，比如淘小铺满足了个人买手的诉求。

再次是营销多样化。卖家的营销诉求不一样，营销产品也不能一概而论，淘宝要实现营销支持方式的多样化。

淘宝希望通过帮助卖家抓住消费升级的机会，实现更多卖家的创业梦想。

2015年，淘宝会继续加大净化市场的力度，将优质流量释放出来，反哺给优质卖家；升级信用体系，帮助消费者从更多的维度来识别优质卖家和商品。

移动消费时代来了

应用移动互联网，通过人与商家、人与人、人与物的互动，缩短体验流程，提升交互效率。

12 分 28 秒突破百亿元，2015 年天猫"双 11"网购的疯狂数字最终定格在 912.17 亿元。而最值得关注的莫过于移动购物的数据：2015 年"双 11"移动成交额最终约为 626.42 亿元，占比达到 68.7%，超过 PC（电脑端）购物。

这个数据，宣告了移动消费时代的全面到来，而所有的营销和商业，也将会由于移动互联网而发生改变。

从关注到消费转化瞬间触发

移动互联网时代是一个手机随时随地连接互联网的时代，同时也将带来一个更加高效的 O2O 时代。手机的交互性与个性化特征，让很多生活场景都可能触发消费行为。

例如，2014 年的"双 11"，淘宝充分应用了手机的特性，与分众传媒合作，开展了手机淘宝客户端与分众楼宇屏幕交互的"摇一摇"互动。消费者在任意一块有提示语的分众楼宇屏幕前，打开手机淘宝 App，进入"发现"频道用力"摇一摇"手机，即可获得分众屏幕上正在播出的内容，如克鲁兹汽车 0 元抽奖、金龙鱼低价秒杀和 Intel 平板优惠券等大品牌互动，还有该楼宇周边线下商场、电影、餐饮娱乐等"双 11"特惠。

与以往简单的"双 11"促销广告不同，手机淘宝"摇一摇"与分众楼宇广告的交互，既可能引发 App 上的操作，也可能把用户连接到线下消费体验当中去，如周围购物中心的专柜商品、在指定时间线上下单线下购买等。

这看起来只是一个小小的交互，却展示出新的移动消费时代的趋势——

消费者从传统的商场氛围下的"货架消费",开始转向被生活空间的场景互动所激发的"触点消费"时代,而品牌与消费者通过移动的"点"的互动来建立连接。

更为重要的是,在移动互联网时代,媒体与渠道的界限已经被完全打破,任何一个空间,都可以与手机结合,变成消费欲望的激发场所。并且和纸质媒体或单向的屏幕所不同的是,消费者的关注、消费欲望的激发和转化可以在瞬间发生。

对于品牌而言,如何将其线下生活空间的媒体广告和移动互联网结合,再产生交互、激发触点,成为移动交互时代品牌营销需要思考的问题。

移动让商家实时与用户连接

移动互联网和 PC 互联网最大的区别,在于其个性化、精准化的本地化定位技术,而精准技术的应用,也在改变着消费者的购物行为。这几年,关于移动定位技术的应用,包括物联网等在内,都成为行业关注的热点。

例如,2013 年,苹果在 WWDC 大会上推出了 iBeacon——一项基于蓝牙 4.0 的精准微定位技术:当你的手持设备靠近一个 Beacon 基站时,设备就能够感应到信号,范围可以从几毫米到 50 米。这就像是室内的 GPS,iPhone 可以接收 iBeacon 传输的信息,并获得各种准确的定位信息。

iBeacon 技术让很多零售终端可以迅速向附近用户的智能手机传输信息,比如优惠券或店内导航信息。2014 年,苹果已在全美 254 家零售店使用 iBeacon 技术,美国梅西百货也在使用 iBeacon 技术,顾客在访问梅西百货零售店时可以获得基于店铺位置的优惠、商品推荐等。

而在 2014 年"双 11"中手机淘宝和楼宇屏幕互动也是应用了 iBeacon 技术。据悉,分众传媒已铺设了覆盖 25 个城市、10 万个 iBeacon 点的庞大微定位网络。而手机淘宝则插入 SDK(Software Development Kit,软件开发工具包），升级应用以支持分众的 iBeacon 网络，从而成功实现楼宇的屏幕和手机淘宝与消费者的"交互"，可以在电梯截获大量用户流量由线下导入线上，由分众屏幕导入手机淘宝。

结合移动技术，生活圈媒体也成了一个新的消费能量场，推动"所见即所得"购物时代的到来。

事实上，对于 iBeacon 技术未来应用的想象其实才刚刚开始，比如：当你路过家乐福，手机会提示你超市打折促销的资讯；当你在草莓音乐节现场路过舞台时，手机会显示接下来要表演的节目单；当你回到家坐在电视机前的沙发上时，电视会自动打开，并且手机自动进入遥控器模式……对于企业而言，需要思考的是，如何结合消费者所处的生活空间场景、结合技术，将信息和服务与人进行无缝的连接。

实体零售体验的变革

实体的零售业如何应对电商冲击呢？

除了增加文化体验、推出主题式商场和一体化的生活消费服务等，通过移动的新技术来提升顾客的购物体验也成为重要的突破方向，线下零售业将演变为嫁接移动互联网的智能商店（Smart Store）。

例如，商家可以通过推送信息点阅量与购买数据相结合，更好地摸索顾客的口味，进而及时调整宣传策略和商品陈列。甚至，配有摄像头和交互式显示屏的智能试衣间能建议顾客穿什么，因为它可以将顾客连接到一个社交时尚网络中。

而未来可穿戴设备和物联网的普及以及移动设备的革新，都可能带来电商领域的变革，新的应用和移动技术或将取代传统的网络购物，坐在电脑前下单的用户越来越少，用户可以使用手机、可穿戴设备，通过扫码或语音进行购买。

例如，2014 年 4 月亚马逊推出扫码手持购物小装置 Dash，用户可通过 Dash 扫描商品上的条形码进行购物。如果商品上没有条形码，例如水果，该设备内置的麦克风和语音识别技术允许用户发送语音指令，在亚马逊购物车中添加一份购物清单。

移动时代的消费方式正在"去中心化"，以往，商业广场、购物中心、大型超市等都是消费核心，人们都紧密围绕着这些中心进行消费；而现在，消费模式向更加自由、自主的方向推进，生活圈媒体信息、朋友圈信息等都可能成为消费的中心。

移动互联网彻底让虚拟世界和物理世界融为一体，未来的消费行为最大的想象空间，则是商家与用户的有效连接以及信息的实时传输和交互。无论是基于场景环境的购物渠道，还是基于用户生活圈的场景媒体，又或者是基于生活类移动 App，都在展示一个全新的移动购物时代。

第八章 电商新形式

近几年来，在电商领域有几个变化十分引人注目，即电商的时尚化、内容电商的崛起、把个性化需求变为规模化的 C2B2B 模式、一"触"即发的触点消费和更加细分化的垂直电商。追求单点极致和深度的互联网思维碰上追求广度下的和谐与宽度的零售思维，决定了电商的发展趋势是以碎片化的用户市场为中心，并基于最新的云数据，在深度和宽度上同时发力。虽然不同电商的侧重点有所不同，但是重点仍是角色定位，分而治之。

电商五大变化

近几年呈现出很多商业新趋势，有的是浪潮，有的是下一波浪潮的源头："电商的时尚化；T2O 内容时代的到来；把个性化需求变为规模化的 C2B2B 模式；一"触"即发的触点消费；更加细分的电商垂直领域。"让我们来听一听 ORIC 成员肖明超老师是如何深度剖析电商的形势。

在电商领域，有五个变化值得关注：

第一，电商时尚化。近年来"电商时尚化"迅速成为电商新浪潮。天猫打出口号"尚天猫，就购了"，京东也打出"尚京东"的口号，当当网要做时尚电商，亚马逊创办时尚馆……不难看出，电商的新一轮时尚大战已经开启。而时尚媒体也不甘落后，无论是赫斯特中国与亚马逊中国建立时尚品牌在线精品店合作，还是时尚集团与天猫的战略合作，时尚产业正在深度"触电"。电商走时尚路线，一方面可以快速抓住年轻购物人群的心，另一方面也是电商品牌升级的迫切需求，如何能用时尚等手段深挖用户购买习惯，将成为未来电商主旋律。

第二，内容电商时代（T2O）。T2O 是指电视与电商跨界合作，将产品从电视端转移到线上销售的创新性的商业模式，这也推动了视频化电商时代的到来。例如，2014年最引人注目的《女神的新衣》节目，巧妙地将屏幕前的观众成功引到线上消费，实现了电视节目和视频节目与线上商业的结合。以往的媒体模式一直是以内容带来受众，受众产生消费市场，消费市场最终回馈冠名特约商家，如《中国好声音》《爸爸去哪儿》。但是，《女神的新衣》却将电视节目和视频内容与时尚打通后，开始创造"内容即商品"的模式。例如，通过时尚类节目，直接打通天猫电商，即刻在电商上销售，把电视从观赏转变为与消费行为发生关联，再到参与互动、购买衣服，打破传统栏目内容仅作为吸引用户的噱头。而产品则是无相关联的冠名特约植入广告，将内容直接转化为可以售卖的产品。国内的互联网电视服务公司优朋普乐也在2014年推出了TV电商战略，利用内容场景与电商结合的模式，通过电视荧屏来展现商品促成消费，比如用户看了《舌尖上的中国》后可能马上就食欲大开，产生购买需求，如果能够即时地向用户推荐这些商品，就能产生很大的购买量。

第三，C2B2B买手电商。随着网上购物的人越来越多，各式各样的互联网电商应运而生，用户们的选择空间逐渐加大，电商演变成了大众海选的"汪洋大海"。在这片"汪洋"中畅游的人数不胜数，商家为了拉拢客户，就开始运用打价格战、造节日、大赠送等手段，物品的质量越来越差，因此很多消费者开始C2B购物模式。C2B在电子商务平台上面体现的是用户参与创造的模式。现在在电商平台中，很多传统的集合式电商都在强调C2B这个概念，比如京东的众筹，包括在天猫的平台上面，很多品牌都让用户参与个性化的定制。但是，这种方式只是解决了部分个性化消费的需求，对于品质类的产品，用户还是希望买到能解决生活中自身痛点的、质量又能得到保障的产品。越来越多的消费者希望买到更多能够满足自己不断提升的生活品质的、更加精致的产品，于是买手群体出现了，他们会推选高品质的产品给顾客，与顾客互动，同时，通过买手可以跟品牌之间建立信息的反馈，从而能够把一些个性化的需求变成规模化的需求，把 C2B 变为了 CBB。2014 年，全球品质生活直购网站优集品提出了 C2B2B 买手模式，它的全球买手制度，通过直接联系工厂或品牌经销商，将商品直接送达国内，不仅缩减了烦琐的环节，商品价格也与全球同步。买手制的核心是：买手与顾客之间是相互需要的，买手代表的群体是巨大的，他会推选高品质的产品给顾客，与顾客互动；而顾客传递给买手的需求是明确的，让有好眼光且挑剔的职业买手在全球优选品牌，把美观性、实用性和体验性三者兼顾的生活物品汇集于此，让消费者轻松拥有来自全球的、充满设计智慧的生活物品。

第四，移动电商。2015 年"双 11"移动成交额最终约为 426.4 亿元，占比达到 68.7%，超过电脑购物。这个数据宣告了移动消费时代的全面到来，移动电商也迎来了爆破式发展。近期，移动导购类应用"口袋购物"在最新一轮融资中获得了腾讯和老虎基金的注资，投资金额为 1 亿美元左右。成立仅 3 年的"口袋购物"，其市场估值已经突破 14.5 亿美元，折合人民币约 88 亿元，这说明了新的移动消费时代的趋势，消费者从传统的商场氛围下的"货架消费"，开始转向被生活空间的场景互动所激发的"触点消费"时代，而品牌与消费者通过移动的"点"的互动来建立连接。移动互联网彻底让虚拟世界和物理世界融为一体，未来在消费行为上更大的想象空间，则是商家与用户的有效连接以及信息的实时传输和交互。无论是基于场景环境的购物渠道，还是基于用户生活圈的场景媒体（诸如分众）等，或者是基于生活类移动 App（例如大众点评网），都在展示一个全新的移动购物时代：应用移动互联网。通过人与商家、人与人、人与物的互动，缩短体验流程，提升交互效率。

第五，电商向更细分的垂直领域的渗透趋势。一个领域是在线教育，互联网已经在不知不觉中成为人们获得知识的主要平台，有着传统的书籍、杂质等载体不具备的海量信息和便捷查询的优势，这直接催生了在线教育市场的崛起，也使打破教育地域化的差距成为可能。传统的教育服务提供商如新东方开设了线上教育服务平台，而一些基于细分市场的工具和信息服务平台也在进军在线教育。例如，有道词典宣布在 2014 年全面进军英语学习相关的在线教育，在移动端开启了英语学习的商业模式。另外一个领域是互联网新农业：在互联网的冲击下，传统农业也逐渐转变为互联网思维，从褚橙、柳桃到京东大米再到三只松鼠、百草味，传统农业不乏互联网创新的典型案例，而传统企业大佬也在用互联网打造新农业，例如联想董事长柳传志卖起了"柳桃"，网易丁磊饲养起了"丁家猪"，潘石屹推出了"潘苹果"……农业品牌不再冷冰冰，不再是街边摊，不再是超市零售菜市场，而是具有故事、充满人格化的表情。中国作为农业大国，在互联网时代将拥有巨大的农业品牌成长机会。

品牌与线上渠道商的共赢术

不同品牌对线上的心态有较大的不同，奢侈品品牌更注重体验，大众品牌更注重市场占有率。

线上渠道高速发展了数年，各品牌风起云涌，基本经历了三个阶段：品牌未动，渠道先行，市场混乱阶段；品牌控制，渠道被缚，缺乏市场活力阶段；品牌醍醐灌顶，渠道得到良性的控制与激励，线上市场良性发展阶段。

在线上的激烈竞争中，强关联下的品牌与渠道商体系在面对弱关联下的品牌商与渠道商体系时，就像是整齐的罗马军团面对乌合之众，将产生犹如砍菜切瓜般利落的胜负之分。

势：先谋后动

不同品牌对线上的心态有较大的不同，奢侈品品牌更注重体验，大众品牌更注重市场占有率。笔者认为，线上渠道管理的目标应该是：推动渠道活力，以激活渠道商投入；实现价格可控，以保证品牌形象及渠道价值链；提升线上曝光率及商品转化率，以扩大品牌市场占有率及维持长期可持续发展。

道：分而治之

谈到线上渠道管理，很多品牌首先想到的是如何有效地控制价格体系。然而，有效地控制价格体系的前提是进行完善的市场布局。

线上市场与线下市场的管理有着很大的不同。线下市场操作清晰、成熟，所以都是先布局、后管理；线上市场大部分都是渠道先行，品牌商组建电商部门的时候，发现渠道控制力完全掌握在少数渠道商手中，就第一时间找第三方运营公司或者扶持大的线上渠道商开设旗舰店，却又会发现渠道控制力迅速集中到一两个客户手中。线下渠道做得再大，也大不过一个城市或一个省；而线上渠道则是赢者通吃，品牌商如果未能进行均衡的市场布局，就会被迫在失去渠道控制力还是失去市场之间艰难选择。

线上管理需要有明确的思路，简而言之就是分而治之。

角色定位：品牌商的电商部门往往既做裁判员（定制度）又做主教练（抓营销），甚至还做球员（开店），再强大的平衡大师也很难在这三个角色间达到平衡。我的理解是，品牌商线上渠道的核心管理部门，一定要逐渐更专注于定制度、打造产品本身的竞争力及推进大平台战略合作这三项内容，更多的细节营销交给渠道商去做。

渠道布局：渠道客户在精而不在多，不能过多也不能过少。过少会缺乏渠道覆盖及相互竞争，过多则必然使终端价格很难掌控。强势的单品类之下，设天猫旗舰店1家，重点专卖店2～3家（含京东POP），重点专营店3～5家（含大型集市店铺），京东、亚马逊、唯品会、1号店自营平台供货商3～5家（覆盖北上广成四地仓库）。北区的线上经销商负责供货京东北京、沈阳、武汉仓，亚马逊与当当网；南区的线上经销商供货京东上海、广州、武汉仓，同时供货1号店与唯品会。当然，这些经销商可同时开设天猫、京东专卖店。实现第一梯队客户至少5家，第二梯队客户至少10家。第一梯队客户一定要尽力保持均衡，如一家独大，则渠道商会攫取过高利润，无所谓市场投放；如规模都不够大，则优秀的渠道商会缺乏重视，转投其他品牌，品牌商将缺少话语权。

鉴于京东、亚马逊等平台相对更不可控和自营平台操作的简单性，若非绝对一线品牌或受限于自身的财务制度，自营平台也可采用品牌商直供的模式操作。

这些客户体系形成之后，就要想办法建立强关联的关系，包括建立渠道商老板（总经理的）QQ群、微信群，建立渠道电商运营负责人的QQ群和旺旺群。

渠道价值链设计原则：渠道不能按照销售额来定价值链，部分品牌某渠道商做得越大，给予该客户的返点越多。若利益不均衡，就很难在渠道之间形成良性的竞争关系。我的建议为：成本一致，按照贡献度实行不同的市场费用政策。成本一致，即所有渠道进货价一致，完成任务的正常返利也一致，这样渠道之间就不会出现大量的炒货和串货的行为；贡献度则是该渠道为品牌价值塑造、品牌市场占有率提升所做出的明确贡献。

术：合作共赢

渠道价格的稳定至关重要，线上价格体系的稳定，首先需要品牌保持对渠道的控制力。

对渠道的控制力，我一直认为，并非只有重罚才能够达成，"乱世必用重典"一定是一种阶段性的行为，持续使用则会伤及渠道活力。

要做到渠道立威，如果缺乏对渠道的控制力，则价格政策无法执行，促销手段也无从谈起。其执行重点，就是言出必行，赏罚分明。

首先是品牌商自己要有一套完整的线上渠道价格政策。很多外资品牌惮于反垄断法，无法以文件形式"限定渠道商的转售价格"，但是，线上还是有一套三栏价格：供货价、建议零售价、建议促销价。其实这个建议促销价就是红线价格，如果有渠道客户屡次突破该价格，那么需要果断将该客户淘汰出局。在品牌内部形成拼内功、做运营、推促销氛围的时候，持续乱价的客户就是最大的毒瘤。对待这样的客户，无论其是否曾在线下为品牌立下过汗马功劳，也只能是"杀无赦"。

投诉侵权，舆论监督。让扰乱市场的客户出局的手段有很多，比较常见的有取消授权、以品牌侵权或者图片侵权的名义申请删除乱价链接、连续3个月断货等。其中删链接为目前品牌商使用较多也较有效的手段。但是删链接是一件需要慎重之事，删除太多链接而没有其他积极的手段，不但会影响品牌在平台的占有率，更会影响品牌商与平台商的客情关系。

另外一个更有效的办法是，建立渠道商老板的QQ群、微信群。这些群成立的目的就是建立一个公平且透明的管理机制。管理渠道商需要研究国内商人的性格与习惯。渠道商一般为"一言堂"，在大是大非上，基本是老板说了算，而这些老板最重视的就是个人口碑。在电商圈子里，还未听说哪个品牌出现持续公告某大客户乱价却从未改正的案例。

大禹治水，重在于疏。其实很多品牌对于线上的管理，关注点都更多地集中在前面两个办法上。线上管理，堵不如疏。

当然，疏也是建立在常规市场价格体系稳定的基础之上，只要开始由品牌商推进大型促销（疏），促销商品的流量与转化率必然会超乎想象。

线上促销的手段过于繁多，单淘宝就有钻展、直通车、淘宝客、聚划算等，对于店铺的买赠、满减、搭售等促销，品牌商应放手让渠道商去执行，而自己的关注点应放在大型活动上，品牌商手中应该有一个隐藏于红线之下的大促价格线：谁能报得上大型活动，谁就可以用大促价格执行；谁有能力有魄力投入聚划算，就给予谁一定的流量费用补贴。

用零售思维搞定互联网

互联网思维往往是做深度，零售思维是做宽度；互联网思维经常追求单点的极致，零售思维考虑的是广度下的和谐。两者最大的公共点是——都要以用户为中心。

3年前，我拉着大悦城的危子给我科普扫盲零售运营常识。听完了不禁感叹：产品思路和运营思路的差别，就像种麦子和做园艺那么大——前者考虑的是怎么多快好省地达到亩产万斤，后者考虑的是怎么平衡搭配使之和谐、有美感。我从此迷上了零售。自此，也一直奉危子为老师。

做产品就像大将杀敌，制胜经常只有一招，但这一招必须练得无比纯熟精妙。做运营像军师布阵，多少步兵、多少骑兵、多少弓箭手，各放在什么位置、起什么作用，既要运筹帷幄，也要随机应变。

一个并不是人人都知道的事实是，超市里并不是每样货品都赚钱。大部分有规模的超市都会给附近的居民发促销彩页，通常如果完全按照彩页购买商品，超市多半要赔钱，超市赌的就是大部分人不会只买彩页上的促销商品。

这些标准化、易比价、需求刚性强、重复购买率高的商品，在零售运营里有个专门的名字——流量创造品类，也就是说，商超要靠这些品类来吸引重复购买客流。

吸引客流的不仅仅是商品，还有餐饮、娱乐、表演……总之，一切能以低成本把客流吸引来的东西，都是商超所渴望的，这也是 Zara、H&M 的租金扣点通常只有其他服装店面一半不到的原因。

当然，如果一个经营体只有流量创造品类，那便是要关门大吉的节奏，因为利润实在太低。所以客流来了，就要靠"客流消耗品类"来创造利润。和客流创造品类相反，这类商品往往不标准、不易比价、需求不够刚性、重复购买率不够高……正是因为这些原因，它们要分非常多的毛利给商超来"购买"客流。

这就是零售运营的基础，就像红花配绿叶。当然，实际运作商超或者购物中心的时候，考虑的因素要比这个复杂许多。比方说人群定位搭配、时间配合、空间配合，组合出来许多种考虑因素。就像要做一个美妙的园林，不能只有红花和绿叶，还要有很多种花、很多种树、很多种草，还要有小溪、喷泉、假山以及各种各样的点缀。但万变不离其宗，零售就是考虑靠什么吸引客户以及如何榨取客户买完流量创造品类后的剩余价值。

运营思路不是模式化的、放之四海而皆准的，而是灵活多变、入乡随俗、有生命力和创新空间的。

在零售中，对一个具体产品或者品类的考虑是多维度、多标准的。不同的品类有不同的目标，这就是为什么像 I.T 之类的品牌商虽然业绩一般，却能轻而易举地入驻不少以年轻人为目标人群的购物中心。一些看起来没什么生意的商家，却一直开在那里，因为经营者考虑的不仅仅是单个商品的收入和利润。

做产品的思维往往比较直线型，是简单的、标准一元化的——多就是好，少就是差。所以互联网出身的人做电商平台运营，经常会搞出一些从零售角度看起来很白痴的事。比方说坚持只经营一个垂直品类；或者把所有盈利差的商品都一刀切地砍掉；或者按照成本和期望毛利定价而不考虑相对价格、价格搭配和消费者可接受价格区间；或者不关注流量创造品类，因其不能产生足够多的毛利，而不给予足够多的资源和重视。

以国内排名第一的超市集团大润发和活跃在三、四线城市的国内上市公司永辉超市为例，这两家超市都是依靠生鲜来揽客，因为三、四线城市的居民工作压力不大，时间闲散，交通成本低，喜欢每天买新鲜货品。但这两家超市的生鲜都不怎么赚钱。大润发开超市的时候，往往租个三四层楼，自己只用两层，剩下的两层租给第三方开店。因为超市能带来大量客流，所以租金水涨船高，租赁差价利润能占总利润的一半左右。

有一次，我给一家互联网公司做内部分享，我说，这个活脱脱就是"开放平台"，谁说"开放平台"是互联网思维？人家传统零售业早在几十年前就在做了。

零售思维具有从小到大、分形式的美感。小到一个品牌的几个单品，再大点到一个市肆或一间便利店，更大点到一家超市、一个购物中心、一个城市……都可以利用"零售思维"来和谐规划。

零售思维不仅对于在线零售商来说是必需的，甚至对于非电商类网站也一样有效。比方说做一个内容网站，新用户因何种内容而来？又透过哪种内容变现？透过什么样的内容可以提升访问频率？透过什么样的内容可以提升用户忠诚度？透过什么样的内容可以促进传播？这些和超市做品类搭配的思路没有本质区别。

互联网思维往往是做深度，零售思维是做宽度；互联网思维经常追求单点的极致，零售思维考虑的是广度下的和谐；互联网思维像做炸鸡，一个单品卖亿万件，零售思维像开酒席，讲究细致多变、搭配和谐、顺序合理。两者最大的公共点是——都要以用户为中心。

互联网上流行"小狗"模式

在互联网上卖家电，一个很大的问题便是产品保修难以进行。

"干掉董明珠的不是雷军，而是檀冲。"阿芙精油创始人雕爷如是说。这句话有点狂妄，不过雕爷永远如此语不惊人誓不休。

檀冲乃何许人也？他是互联网电器品牌——小狗电器的创始人。

2014 年 7 月 31 日，与顺丰达成战略合作的小狗电器生成了第一个全自动的逆向物流订单。不同于传统的正向物流，逆向物流是基于颠覆传统售后服务环节而诞生的一种全新售后服务模式：产品拥有者通过 QQ、电话等联系客服人员，客服人员登记后联系物流商，物流商上门取货，厂家进行维修后再由物流商送货上门。

在此后的 10 月 15 日，小狗电器在北京召开新闻发布会，高调宣布对其旗下小家电启动中央维修政策，让旗下所有的小家电产品享受"无条件全免费保修政策"。檀冲的好友雕爷前往发布会现场助阵，上面那番豪言便是他对小狗模式的高度评价。

CEO 站台吆喝"中央维修"

在小家电领域，小狗电器犹如一匹黑马，自 2008 年进入电商领域起，短短几年间便在淘宝上赢得了大批粉丝。2010 年 8 月，小狗成为淘宝电器吸尘器行业唯一一家"淘品牌"，并曾创造了单日销售 2356 台吸尘器的行业奇迹。

但随着越来越多家电品牌上线，家电的电子商务渠道正日益变成红海，如何用更好的服务黏住消费者、打造口碑显然是摆在檀冲面前的一大难题。

在传统线下，家电产品都设置了一定的保修期，且拥有完备的保修网络。但在互联网上卖家电，很大的一个问题便是产品保修难以进行。这一方面是源于家电的逆向物流成本很高，小商家们无力承担；另一方面源于大多数网上家电的经销商并不具备维修的能力。

在这样的环境下，谁能率先保障售后，谁就占据了先发优势。推出中央维修政策，显然是檀冲在棋局上布下的一颗新子。在小狗电器所倡导的中央维修模式下，服务成了产品的一个组成部分，它把传统小家电售后服务这一商业行为做成与用户沟通的一个渠道。

所谓中央维修是指，小狗电器的所有产品，在保修期内，用户在使用过程中，无论是质量问题还是非质量问题，只要导致了产品无法正常为用户服务，小狗电器都将提供无条件免费维修。一句话：无条件，全免费，一切解释权归用户。

无论从哪方面看，这一做法对于小狗电器来说都不失为很好的一步棋。业内人士指出，小狗电器所切入的细分品类——吸尘器本身并非高频家电，售后保修率较一般的高频家电低许多，这让小狗电器得以用更少的成本去提供更优质的服务。而用户对家电网购在售后上的顾虑，正是互联网渠道销售家电的一大软肋。

当被问起小狗中央维修模式的投入产出时，檀冲表示，他们前期在品控方面做了充分准备。

要知道，传统家电企业的售后维修服务以外包为主，牵扯到第三方提供维修服务。檀冲认为，当维修服务需要产生盈利时，服务也就变味了。因为当服务商想尽办法在维修过程中创造利润空间时，整个服务体验是难以保障的。

小家电行业的返修率在 4%～10% 之间，由于维修成本太高，很多用户并没有走售后服务这个渠道，而是直接更换新品。在推行中央维修政策之前，小狗吸尘器的返修率是 4% 左右。实行该政策 3 个多月以来，返修率已经降到了 1% 左右。"如果说单件产品的综合维修成本是 300 元的话，因为返修的单件数量较少，所以总的维修成本仍然非常低，与在全国铺设维修点的费用相比就更少了。"并且，中央维修政策使消费者购物的心理成本大大降低，客观上能够促进销量的增长。

檀冲不愿透露推出中央维修模式所带来的销售增量，但他喜欢描述这样的愿景：小狗电器目前正在和行业标准委员会相关人士合作，起草行业标准，预计半年后会有最新的小家电行业标准出台。

如今，小狗的中央维修仓里有 50 人左右的维修团队，让消费者能像网购一样不用出门就能进行售后维修。尽管配备了 1 万平方米的中央仓库和 50 人的维修团队，但小狗现在每天实际处理的维修订单并不多。

专注做极致的产品

随着越来越多家电品牌上线，电器细分市场也获得了越来越多的机会，环境电器、创意小家电成为市场新宠，许多淘品牌通过不同的方式拓展自己的道路，例如以煮蛋器切入创意厨房小家电领域的小熊，就开始拓展酸奶机这一品类。相形之下，小狗电器并没有把自己的触角延伸开去，而是走一条专注细分品类的道路。如今的小狗电器按照场景细分出车载吸尘器、商用吸尘器等细分市场，接下来还会推出一些新型的吸尘器产品，如除螨吸尘器。在檀冲看来，吸尘器是个需要人机配合的小家电，有其特殊性，做强细分品类的功能性是小狗电器的首要目标，虽然物联网大潮下智能家电会更加常态化，但不是所有的家电都需要连到一起的。

"处女座不是常被'黑'太挑剔嘛，我自认为是个典型的处女座，做得好才做，否则不出手。"小狗电器要做的是品牌，只想集中精力做极致的产品。

2015 年小狗的另一个创新之举是取消了销售 KPI 考核。要知道对于销售行业而言，KPI 是衡量业务员的业绩的重要指标。对此檀冲有他的一套理论：当有销售 KPI 时，业务员只能看到当下，不会顾及长远，唯销售指标论的快餐式做法难以让用户享受到好的服务，对品牌也会造成一定伤害。"不能为了销售而销售，只有更关注用户体验，才能留住消费者，企业也才能实现更长久的发展。"

小吸尘器，大门道

·吸尘器营销可以这么玩

2015 年 1 月，阿里巴巴集团旗下自有品牌天猫魔盒发布了一款型号为 TMB300A 的高清网络电视机顶盒。作为拳头产品，最新款天猫魔盒选择与小狗电器一款型号为 V-M611 的智能扫地机联合首发。据悉，小狗扫地机 V-M611 是小狗电器专门为此次合作特意定制的新品。这款产品最大的特色是机身纤薄，最厚处仅为 7.7 厘米。

·卧式吸尘器仍是主流

目前家用吸尘器产品有着多样性的结构，包括智能机器人式吸尘器、立式吸尘器、手持式吸尘器和卧式吸尘器等。在 2014 年吸尘器产品结构类型的调研中可以看到，卧式吸尘器以 60.5% 的关注比例高居榜首，手持式吸尘器则以 15.8% 的占比屈居亚军，排名第三的则为智能机器人式吸尘器，占比为 15.5%。

·501~1000 元价格段最受关注

数据显示，有 29.7% 的用户最关注 501~1000 元的吸尘器，占比将近 3 成，27.3% 的用户则对 301~500 元的吸尘器感兴趣，16.8% 的用户关注 1001~2000 元的吸尘器产品。此外还有 15.9% 的用户对 300 元以下的吸尘器情有独钟。关注 2000 元以上高端吸尘器的用户，占比则为 10.3%。

O2O 创业，先学一点战略

轻决策的业务都是平台方最难赚到钱的，因为服务相对"标准化"，所带来的结果就是，别想"剥削"服务提供方。

"所谓战略，就是站在未来看今天"——这是我从曾鸣教授那里学到最重要的一句话。但什么是明天的样子？恰恰要分析昨天，然后下注明天，做好今天。正如同 BAT 三巨头必须有时间先后崛起，这就是逻辑上的"昨天"——百度必然会第一个崛起，因为它直接通过信息广告赚钱，并不需要太多相关行业的成熟，所以第一个实现流量变现；而为什么腾讯要慢一些呢？因为腾讯的模式是将流量导到游戏变现，而带宽速度则必须依靠别的行业，宽带不普及是无法带动网络游戏热潮的；淘宝之所以最后崛起，是因为从支付到物流到"诚信体系"，早 10 年没一个靠谱，必须得等它们慢慢成熟，或自己培育。不过等一切都成熟了，马云就成了中国首富。而且你看，越晚成熟的，收获越大，市值也越高。

百度模式，我称之为"顺水推舟"；

腾讯模式，我称之为"乾坤挪移"；

淘宝模式，我称之为"无中生有"。

O2O 也存在着这样一个成熟的过程。

最早成熟的，无疑是纯信息的导流。例如大众点评网就是将线上的顾客通过信息手段"顺水推舟"导流到线下实体店，至于赚钱的方式，它找到的方式方式是团购。

目前正在成熟的以"饿了么""到家美食"等 App 为代表，将实体餐厅做的饭菜端到顾客家中——重点是这些餐厅原本并不做外卖，而这些 App 硬生生帮饭馆送餐，期待着有一天大一统，挟天子以令诸侯，赚一个"乾坤大挪移"的钱。

"河狸家美甲"有点像淘宝，是第三种模式，不一定非得和线下实体店合作，干脆搞无店铺形式，"无中生有"，将线下实体美甲店拆掉，解放那些美甲师，让她们上门做美甲。当然，这个最慢、风险最大、劳碌事最多。未来，服务业被互联网颠覆得最彻底的部分，就在这第三个阶段。

消费者决策的三个层级

以上是一个"产业成熟轴"，下面谈谈比较重要的消费者决策端。

任何生意，只有牵扯消费者的决策，才是比较核心的。为啥有些 O2O 行业崛起得那么神速呢？秘密在于：消费者的决策机制是有巨大分别的，至少分为三个层级：

(1) 随机决策，即所谓"轻决策"。代表行业如打车、保洁、足疗等，这些行业的特点是低价、高频次甚至超高频次，消费者花几分钟即可决策，即便决策错误损失也不大。而且服务提供者的水准差距不大，不需要刻意挑选，因为服务相对而言比较"标准化"。

(2) 斟酌决策，即所谓"中等决策"。代表行业如美发、美甲、摄影、造型等，这些行业的特点是中等价位、中等频次，一两周到几个月消费一次，消费者会花上半小时甚至更多时间做决策、做功课、做挑选。因为如果头发被剪坏了，至少整个月都会很懊恼。而这些行业的特点是服务提供者水准差距很大，完全没有"标准化"可言。

(3) 审慎决策，即所谓"重度决策"。代表行业如婚礼策划、房产中介、离婚律师等，特点是一辈子不见得用几次，但用错了会后悔一辈子。服务提供者的水准差距可谓是天上地下，甚至消费者都不知道该预期得到什么服务，毫无"标准化"的概念。好处是客单价高，随便一单就是上万元甚至几十万元。

把这些列出来后，就能很容易看出为何滴滴打车、快的打车能够那么快崛起。无他，轻决策标准特征，低价位而且高频次。但是，这里面又有一个巨大的玄机——轻决策的业务都是平台方最难赚到钱的，因为就像前面说的，服务相对"标准化"，而这所带来的就是，服务提供方（如出租车司机、保洁阿姨）收入相近，都不愿意分成给平台方。说难听点，就是您别想"剥削"他们。

行业边界四轴

你一旦想收费就完蛋了。因为另一个平台一旦免费，马上就能替代你。想想当年最大的电商平台可是易趣，因为最大，所以觉得收费也没事吧？后来？就没有后来了。到今天，淘宝也不收费，且永不收费——收费的是天猫，而天猫的逻辑就是我下面要聊的："行业边界"问题。

边界分为"四轴"：第一个轴是"行业轴"，以行业为轴心发展与扩张。滴滴、快的当然就是"出行用车"这个轴上的，法宝网就是一切法律服务的轴，秀美甲、嘟嘟美甲则是围绕着美甲行业这个轴。

第二个轴是"人群轴"。例如58同城和赶集网，都是围绕着"蓝领人群"的轴，虽然它们两家上面有无数业务，但无论招聘、二手货还是找保洁阿姨、清洗油烟机，都是侧重蓝领人群的。

第三个轴是"场景轴"。代表App是叮咚小区、小区无忧、爱鲜蜂等，业务也很繁杂，人群难以特定，核心是服务于特定区域，基本是小区范围内，以场景为基本定位。

第四个轴是"团购轴"。这个基本上也可以算"资源轴"。凡是可以提供"券"的行业，大众点评、美团都在参与，这个自行脑补即可。

四个"打不过"

说完这四个基本轴心，再来谈四个"打不过"："低频"打不过"高频"，"通用型"打不过"专家型"，"羊毛出在羊身上"打不过"羊毛出在猪身上"，"垄断消费者"打不过"垄断服务者"。

第一个最好解释，在 App 时代，打开频次高依然是铁律，相类似的"决策机制"和"行业相关性"之下，谁频次高谁活下来。在这一点上，我就看衰目前的"代驾"行业。举例来说，你不能把滴滴、快的单纯看成"出租车行业"，它们现在已经开始侵占"专车"领域了，分分钟会介入到"代驾"领域——对 99% 的普通人而言，打车加找专车的频次，远远高过酒后代驾的频次。更关键的是，难道出租司机不能把出租车停在一边，然后临时当个代驾么？只要价钱合理，还省油钱呢。

当所有的"×代驾"行业都至少需要 15 分钟甚至半小时才能来人为你代驾的时候，滴滴、快的 3 分钟内就能来个司机，而且更便宜，你用谁？行业相关性完全一致，心智相关性完全一致，都是随机决策领域，来个熟练司机就好，帅不帅没人在乎，而且出租车司机恐怕比随便某个有驾照的人更靠谱吧？就像当年过于垂直细分的乐淘和好乐买，在卖鞋领域打得不亦乐乎。最后，也不用分胜负了——淘宝持续做大，不知不觉就把那两家给碾压不见了。你的核心业务在别人的"行业边界"之内，且你是低频人家是高频，记得三体语么？"我毁灭你，但与你无关。"

这时你一定会问，那易到用车呢？易到是典型的"出行用车"领域啊！对，我要说的就是，易到符合我说的第二个定理："通用型"打不过"专家型"。

我刚好同时是滴滴和易到的用户，所以我非常有发言权：当我临时随机用车的时候，肯定滴滴更好使，它总能最快派来出租车或专车。可问题是，有时候我出差去外埠城市，商务用车还是要顾及面子的，这时，车型好坏、车况如何、司机服务品质高低就都是我在乎的细节了——价格这时倒不太敏感。我数次体验的结果是，易到用车在商务人士用车层面遥遥领先。

注意：这时，我从"随机决策"过渡到了"斟酌决策"。

别小看这个过渡，这就是我常说的为何给家里请个保洁和给家里请个月嫂完全是两件事！因为你所关注的重点完全不同，说得更粗暴一点：干得好保洁的公司一定干不好月嫂，反过来也成立。因为"通用型"企业必须关注市场份额和成本控制，这些倒推起来，是一整套企业内功和理念的成型，一旦和相同定位的对手们厮杀起来，必须强悍才行，可越强悍，越难转型。"专家型"企业往往不太强调成本控制和份额，但针对特定消费者的理解——比如我需要商务用车的时候，易到所关注那些细节——则显示出无与伦比的细腻和贴心，体现出易到用车在"用车的斟酌决策"人群中无可撼动的一面。

"羊毛出在羊身上"打不过"羊毛出在猪身上"。说说我们河狸家好了，目前有不少山寨者抄袭河狸家，但有趣的是，他们好不容易从传统实体店挖来的美甲师，没多久就辞职跑来河狸家了。为啥？因为河狸家的平台完全不收佣金，而且倒贴美甲师很多钱，比如各种培训、设备甚至养老保险，而那些山寨河狸家的上门美甲，主要就是想赚佣金抽成，这一比较，难怪美甲师跳槽。河狸家赚什么？未来的钱。现在赔几个亿人民币，但未来中国美业几千亿元的份额中，有太多赚钱的行业。

最后主要是针对"斟酌决策"和"审慎决策"领域。在这两个领域里，服务的提供者差别太大了，坏的服务只能加速平台的死亡。而好服务呢，则不可能像找保洁阿姨那样培训个三天就可以上岗，不信你随便找个人当月嫂试试？

大的格局如此，O2O接下来几年的"胜负手"，应该跑不出这些基本逻辑的梳理。至于谁输谁赢，就是在上面那几个大框架下，比拼发展速度、融资节奏、团队执行力等。但毕竟，有些 O2O 团队的"出发点"现在来看就已经错了，千万要留神，战略错误耽误的可不仅仅是 VC，还有无数小伙伴的前途与希望。

第九章　电商新战场

国内电商显然已经不能满足中国日渐壮大的中产阶级加速升级的消费需求，跨境电商的发展随之日新月异。大量创业者涌入跨境领域，企图瓜分这杯烧得正热的羹汤。殊不知无论从产品、类目还是品牌角度切入，只要是2C的点，都只不过是基于较为成熟的国内电商分类的"明日黄花"。跨境电商的新机遇应该在2B的跨境进口市场和跨境出口市场，而跨境相关的基础设施（包括支付、仓储等）的市场前景也很好。

采销型企业，跨境电商要这么做

美国 C&A Marketing 有 100 多位买手，他们专注于从 Amazon 和社交媒体中寻找客户对于某款产品的功能需求，比如其销售的防水蓝牙音箱，可以让用户在洗澡时使用。

2013 年以来，跨境电商似乎成了传统企业眼中转型突破的切入口，政府政策引导和媒体大肆报道激发了传统企业老板们的成功学式激情。

本文试图总结一些电商 B2C 企业在过去几年运作的经验，这些企业的特点是无工厂、无生产线，全部产品从外部企业采购，在供应链中主要充当销售渠道的角色。

产品质量是核心

跨境电商时代的产品跟传统大宗外贸时代的产品相比，在采购方式上有一定的区别。跨境电商时代的采购特点是多次、少量、交货时间短，而传统企业更多的是接收 OEM 订单，这些订单的特点是货期长、数量和金额大。很多浙江的企业在面对电商企业的询价时，依然给出动辄 3000 个以上的起订量。

事实上，大多数成长良好的电商企业，在产品的采购上都经历过从小订单到大订单的过程，小订单是测试市场，大订单则是销售经验累积之后的回报。事实上，很多企业虽然没有组建跨境电商团队，没有自己开网店建网站，但是他们将产品供给一些大卖家，销售收入也非常可观。而他们在观念上对比过往也有一些更新，比如为更多小卖家提供小额批发业务。

传统企业（尤其是制造业）往往有较强的研发能力，但是对零售终端客户在产品使用上的体验的感知，却不如零售渠道。因此，立足于自己的产品或者自己所在行业的产品来打开跨境电商市场的企业，在保证产品质量的前提下，一定要在产品调研上下功夫。

产品调研的内容包括产品性能、竞品情况、主要目标市场、国内外竞争对手情况、客户的产品使用体验、同类产品短板、同类产品卖点等。

从产品运营的角度，笔者认为，在跨境电商平台的选择上，亚马逊是最佳选择。由于亚马逊的价值观以客户为中心，提倡客户把真实的购买体验留在产品的销售页面上，进而形成产品的口碑。产品的口碑让人联想到什么？没错，就是品牌。

产品质量是产品口碑最好的保证，这个道理大家都懂。但是，一个质量过硬的产品如果是同类产品的升级版，又解决了同类产品的功能痛点，就将成为产品的核心竞争力。美国 C&A Marketing 是最好的例子。这家公司有很多品类，有 100 多位买手，每个买手负责一个细分品类，他们专注于从亚马逊和社交媒体中寻找客户对于某个产品的功能需求，比如防水的蓝牙音箱，可以让用户在洗澡时依然感受音乐的动感。

所以，从事跨境电商的传统企业，除了可以借助自己强大的产品研发能力，还可以从零售渠道的客户反馈和海量的互联网信息中获得改进产品的信息。

抓准细分类目切入

选择大卖场还是专营店？开设跨国 B2C 网站或者在亿贝（eBay）和亚马逊上开店铺，应该做大杂烩还是只做一个品类的产品？

事实上，这个问题没有绝对正确的答案。主流的观点认为，固定了自己销售产品的类别，就等于设置了销售规模的上限，因为单个类目的市场总是比所有类目的市场小很多。这是很多采销型（无生产线）卖家不断扩充类目的原动力。

对于这些卖家来说，不断增加类目的理由来自于产品的销售平台。当前最多中国卖家进驻的亚马逊、亿贝和阿里速卖通，其实都类似于淘宝。在这些平台上的店铺，除非在客户维护和店铺标识上做了足够多的文章，否则都会在类目扩充的路上蠢蠢欲动。道理很简单：比如，在这些平台上，消费者买手机通常是使用搜索功能到达商品购买页，而不是直接进入卖家店铺网址。在消费者不断对比不同页面的手机价格、功能的同时，大多数人根本不在乎这家店铺是否还在卖矿泉水，只要手机是真的就可以了。

在这种情况下，卖家们的销售技巧在平台规则的引导下，就变成了如何做更好的首页图、如何写更好的标题、如何提高店铺表现。当然还有最重要的一点是，如何让自己有更多的产品页，曝光在客户面前让他点击。有更多的产品，就有可能有更多的产品页，增加类目吧。

因此，选择大卖场还是专营店？这是个在采销型卖家身上没有答案的问题。笔者认为，在切入跨境电商初期，必须选择垂直类目。因为，相比"扩张品类带来销售额大幅增长"的诱惑，垂直类目有更低的运营、客服、产品、库存、供应商维护成本，更加实在。

上面谈了产品类目的细分切入，下面谈第二个细分，即细分目标市场。

这一点理解起来其实更容易，就像麦当劳在不同的国家都不只是卖炸鸡，它们还会在中国卖米饭。还有，一台手机可能在不同的国家有不同的网络制式，一台电器在不同的国家有不同的适用电压或插头标准，基于这些情况，产品的生产者或者销售者需要向目标消费者销售适合他们使用的产品。

即使是一模一样的产品，也会由于不同的国情而导致不同的产品使用习惯和使用体验。比如同一个手电筒，在澳大利亚的潜水运动爱好者面前，可能要多介绍其防水性能，而在一些内陆国家的户外运动爱好者面前，则要多介绍其耐摔防震的功能。一句话：了解客户使用产品的场景。

对于产品使用场景是否了解，直接决定了销售是否可以直击用户的需求点。研究好具体目标市场用户的特点，意义就在于此。

想进军跨境电商的传统企业分成几类，第一类是有多年各种产品 OEM/ODM 经验的工厂，第二类是从事传统 B2B 的外贸企业，第三类是没有产品生产贸易经验的企业，纯粹看到跨境电商火热，想插一脚。

第三类企业这里不讨论。事实上，前两类企业在多年的制造或者外贸经验中已经累积了很多的"大数据"，比如，某个产品以何种标准出口、主要市场是哪个国家等等，这些对于从事跨境电商时目标市场的选择有着非常重要的参考价值。

在产品类目的选择上，上述第一类传统企业的产品和供应链资源最强，但是产品数量可能会制约跨境电商规模的增长，在这种情况下，可以选择供应链上下游企业的产品进行整合。比如生产 LED 灯泡的企业，可以整合上游的 LED 驱动产品，也可以整合一些围绕 LED 照明做智能家居周边的产品。

选择产品其实是检视自身资源的过程，只要手上有过硬的产品，在不盲目扩张类目的前提下，进行一定的整合也是一个不错的方式。

商标先行，品牌沉淀

经常有人问：传统企业做跨境电商，应该如何选择平台？

要回答这个问题，可以回顾现在的跨境电商卖家们在过去 3~5 年走过的路：速卖通强势崛起却陷入价格战，eBay 几乎一直保持全盛（只在近两年被亚马逊抢去一些份额），亚马逊门槛较高，小卖家们跃跃欲试。核心问题其实是：哪个平台能让卖家稳定地赚到钱？

　　传统企业做跨境电商如果只想倒卖货品，从批发市场拿货转手赚 10% 的方式，那么 eBay 和速卖通是最好的选择。

　　如果是希望以细分类目的好产品出发，瞄准目标市场消费者，做可持续发展的跨境电商事业的传统企业，亚马逊是最佳选择，因为亚马逊更适合同时做产品的沉淀。

　　产品的沉淀，笔者认为分成两个方面。一是在产品功能、用户需求满足、产品设计上的不断沉淀，二是"从商标到品牌"的潜移默化。

　　亚马逊的机制为什么更适合做这两件事情呢？因为亚马逊的产品评论是亚马逊生态中非常重要的一部分，这些评论代表着用户对产品使用最真实的反馈，产品评论甚至会由客户增加很多图片、视频、使用体验等信息，给未购买的客户提供参考，也给卖家本身的产品销售提供改进方向的建议。

　　另外，亚马逊对于自有品牌产品有着严格的保护政策。现在的跨境电商卖家，尤其是做亚马逊的，相信都已经饱尝同质化竞争之苦，在亚马逊上，也饱尝了"跟卖"之苦。注册国外的商标成了规避这些同质化竞争的重要方式。在亚马逊上，如果是有商标、有品质、有市场的产品，将得到亚马逊的大力支持。所以，以有商标的好产品切入亚马逊，是传统企业进军跨境电商的最佳方式。

　　而在亚马逊上有一条自主品牌的产品列表，随着产品销售表现不断变好，这些有商标的产品沉淀成口碑，最后很可能发展成为一个小品牌。

注重社交媒体

在产品同质化严重的平台上，除了所谓的店铺表现和产品页面展示的专业程度，还有什么决定着销量？

答案是：推广流量。也就是传统的论坛、书签、SNS等推广渠道带来的流量和订单。

产品可以被抄袭和模仿，运营和推广的能力却无法抄袭和模仿的。过去对竞争对手的店铺销量进行调查，往往是从选品的角度来考虑，因为在竞争并不激烈的阶段，平台上产品很多都是"自动波"销售：只要产品款式热销，每个有货的人都能卖出一些。而到了今天，店铺的运营和推广能力决定着产品的销量。

事实上，这些运营推广的方式、方法正是通过自建网站来从事跨境电商的B2C企业们常做的，所以可以说，平台店铺的运营正在独立网站化，更多地借助外部资源来促进店铺发展。

在推广渠道上，SEO、论坛、书签等渠道都是人们耳熟能详的，针对想从事跨境电商的传统企业，这里讲社交媒体，也就是Facebook、Twitter这些渠道。

社交媒体对于跨境电商的意义有两个，一是推广，二是信息收集。

推广的意义最好理解，首先产品要有唯一可辨识的一个姓氏（商标）和名字（型号），社交媒体推广的方式仍然是发帖、测评、用户讨论等内容。

信息收集的功能则是需要与产品本身结合，通过各种渠道去搜索用户对于同类产品性能、设计、缺点方面的讨论信息，以帮助改进产品来迎合客户需求，甚至做精准的产品促销信息推送。事实上，这些信息的收集跟在亚马逊上找客户评论有着异曲同工之妙。

变天了！解读跨境电商新趋势

品牌卖家涌现，跨境融资潮来袭，跨境电商还会发生什么新变化？

过去一年多，跨境电商的变化很大。

自 2013 年兰亭集势上市开始，陆续有很多跨境电商企业开始转型。2014 年之前，3C 产品主导了跨境电商，从最早的手机壳开始——只要从深圳华强北能扫到货，随便放到网上就可以赚很多钱——升级到深圳"自有品牌"手机，如库伯特、道格。"自有品牌"手机在 2014 年风光无限，甚至有厂商赞助了西班牙足球队的世界杯之旅。

然而市场很快就风云突变。2014 年下半年，由于多国货币对人民币贬值，跨境电商变得不太好做，最明显的市场是俄罗斯。同时，独立做跨境生意的商家日子日渐艰难，特别是以 3C 类标准产品为主的卖家，他们既要面临推广端用户获取成本的增加，又要与大批平台卖家在华强北抢货。

品牌卖家涌现

根据 Paypal 的相关报告，2014 年 3C 类目卖家的销售额普遍比 2013 年有所降低，而服装类卖家，尤其是以比较完善的 IT 系统为支撑并引入商品淘汰机制的卖家，如迅速崛起的 SheIn、公狼、有棵树、赛维、TomTop 等，其销售额却有所上升。有独立网站的跨境电商，诸如兰亭集势、DX 在整体上所受影响也比较大，它们的流量端获取成本高，产品也不再有优势。在这种情况下，出现了很多做品牌的卖家。

做品牌的卖家大多以亚马逊为根据地。亚马逊这个平台对品牌的保护比较严格，相对可以获取比较高的溢价，而速卖通现在在这个领域也做得非常好。因此，很多渠道商开始做自己的品牌，比如傲基、大龙、Anker 等等。

一般来说，亚马逊上的大卖家都有自己的品牌，但他们不会告诉你他的品牌是什么，原因很简单，怕你找到这些货和工厂，做个差不多的品牌，然后来做个"山寨"产品，打价格战。

当然，有些做品牌的也不怕，比如 GP-TOYS。这个玩具品牌在 2015 年突然出现，短短几个月就把自己的产品铺到了各大平台。其思路不光是做个品牌，自己卖这个品牌的货，而是把产品做出来，自己做供应商。它也不怕别人去模仿，因为它在玩具之乡汕头有工厂，自己的设计与研发能力非常强，在销售端又有非常强的散货能力。它牢牢抓住上下游，即使别人有能力去抄，也很难做到快速散货。一些有散货能力的大卖家又没有那么专业的产品设计能力。

跨境电商融资

品牌跨境电商融资的事情真是不少，除了做垂直行业的，还有一些做渠道的卖家。大体列举如下：

> 百元裤业收购环球易购，环球易购估值 10 亿元；
>
> 百元裤业投资 TomTop 9000 万元，占股 9%，估值 9 亿元；
>
> 富安娜入股浙江执御 2250 万元，占比 5%，浙江执御估值 5 亿元；
>
> 汤臣倍健投资有棵树 1.6 亿元，占比 10%，估值 16 亿元；
>
> 奥康以 4.7 亿元投资兰亭集势，占比 26%。
>
> ……

除了这些以 PC 端为主的电商外，还有几区移动端的"黑马"值得一提：Wish 已经融资了几亿美元，其平台上近 90% 是中国卖家；Allbuy、Bellabuy 具体的融资数目不详。

当上市公司收购或者投资了这些以外贸为主业的跨境电商后，它们的资金变得非常充足，很多便开始做进口的生意。

外贸电商做进口有天然的优势，特别是在不同国家有海外仓的大卖家，而自建海外仓的大卖家更是如虎添翼。他们对海外的法律熟知，利用海外仓可以收货，然后利用更熟悉的物流渠道直接发往国内，在收货、法律、海关等各个地方的成本要远低于重新组建一个进口团队。最典型的就是比较早进入天猫国际的 Tmart，它的纸尿裤和奶粉销量已经是类目第一了。

除了 Tmart 以外，基本上大的出口型电商都已经布局了进口业务，这也是一个大方向，国内消费能力的提高是重要的原因。

再者，随着中国综合实力的增强，政府在世界各地都进行了很多投资，这样建立外交关系直接能换回双边贸易的各种优惠，再加上政府支持进口，减免各种税费，还有人民币的坚挺，导致进口变成了一个非常好的业务。随着国家"一带一路"的建设，从义乌可以直接发货到荷兰鹿特丹，这条线路的通车将陆运到达欧洲的时间控制在 30 天左右。

跨境电商会发生什么？

随着速卖通在"金砖四国"的整体布局逐步完善，跨境电商一定会向欧洲、美国等发达地区扩展。国内的卖家往国外卖货，物流、通关、税务都是比较大的问题，而速卖通依靠阿里巴巴平台，会继续整合物流、通关等难题。阿里巴巴旗下的一达通也可以直接完成出口退税动作，而这些在其他平台比较难实现。

因此，对于那些独立做销售平台的卖家来说，他们需要实现迅速转型，从销售无品牌商品转型到销售自有品牌商品；从简单的修改模具、贴牌生产到自己参与设计环节，整合个性的元素，完成部分自主设计，用来支撑自己的品牌。

除了升级为自有品牌，外贸电商还应当积极布局进口业务。目前各个平台对进口业务均有不同程度的接入，最简单的就是进入天猫国际开店，当然也可以自己打造自有供应链体系，直接供应给国内的零售商。另外，资本动作也非常重要，除了上面提到的这些公司，其他公司也在寻求相关的资本介入。

外贸电商转型进口跨境电商，品牌转换很值得关注。已经有做外贸品牌的卖家开始把外贸品牌推向国内，这个玩法要想行得通，卖家要尽早布局国内，普及当初面向国外的品牌——当自己产品的品质得到国外用户认可，又可以以"洋身份"杀回国内，这种方式很不错。有这样的实力的基本是优质卖家，他们的产品在品牌上不属于一线大牌，但品质可靠，过去专供国外市场，现在卖给国人也是一件幸事。

海淘政策下的规模经济

虽然政策上仍存在一定的不确定性，但毕竟有规范才有未来。

海淘火了，海淘政策也跟着热起来。因为涉及"钱包"，海淘政策的每一次变化都牵动着亿万海淘用户的神经，宏观政策与微观个体在这里变得息息相关。

海淘的关税政策无非要解答两个问题：征多少税？如何征税？应税额 = 完税价格 × 税率，但这道乘法题中的两个因子都不好确定。

确定价格

首先是定价。每年入境包裹数量达上亿个，出入境人数也高达上亿人次，其中携带的入境物品更是不计其数。逐件逐票地去核对每一件商品的价格，在传统的业务逻辑下完全不现实。

海关对此给出的解决方案是参考市场整体价格水平，预先设定常用物品的完税价格，形成《中华人民共和国进境物品完税价格表》。除非商品真实价格大幅偏离该预定价格，否则直接根据完税价格表计价。这就大幅简化了征税过程中的定价流程。

消费品市场不断会有新的商品出现，社会整体物价水平也都会持续变动。为了保证完税价格表的客观、全面，海关总署每隔 5 年会更新一次完税价格表，一方面新增热门商品，另一方面调整参考价格。

进境物品完税价格最近一次调整是在 2012 年。这次调价在当时引起了非常大的反响，其中一个原因是化妆品类目的价格变动非常大。其中，香水的完税价格从 100 元 / 瓶大幅上升到 300 元 / 瓶，洗面奶的价格从 20 元 / 瓶提高到 100 元 / 瓶。同时，海关还新增了眼霜、面霜、精华液等商品的完税价格，其完税价格大都在每瓶 100 ~ 300 元的。

化妆品是当时非常流行的海淘商品，新规导致化妆品海淘的行邮税大幅提高，许多原先在免税额以下的化妆品将无法享受该优惠，因此一石激起千层浪。

与化妆品类似的还有纺织服装用品，相关商品的价格上调幅度也比较大。

涨价永远是最受关注的话题，但实际上，2012 年海关第 15 号文也下调了不少商品的价格。酒类的价格下调幅度较大，其中 12 度以下葡萄酒定价从每瓶 500 元直接下降到了 100 元。数码产品是另外一个整体价格大幅下调的品类。数码相机和笔记本的价格均从 5000 元下降到了 2000 元，数码产品代购因此成为一门好生意。

整体来看，进境物品完税价格的调整与社会整体物价变化保持相对一致，这也是海关调价的基本原则。

确认税率

确认价格之后，还需确认税率。针对入境旅客行李物品和个人邮递物品，国家收取行邮税（行李和邮递物品税）。

我国目前的行邮税税率主要分为 10%、20%、50% 三档（30% 税率的商品极少）。大部分商品享受 10% 的税率，纺织服装、家电等商品税率为 20%，而烟、酒、化妆品等的税率则高达 50%。

行邮税相较于一般贸易进口的税率要优惠许多。即使以化妆品 50% 的税率来看，如果按照贸易清关的话，需缴纳的增值税、关税、消费税（价内税）分别为 17%、10%、30%，综合下来的税率高达 83.9%。对比来看，化妆品的行邮税要低很多。

行邮税税率的设置会在一定程度上参考一般贸易的关税水平，因此大体保持相对稳定，但偶尔也会做出适当调整。

2012 年的海关新政就将数码类商品的行邮税税率从 20% 下调一档至 10%。配合价格的下调，数码产品的行邮税大幅下降，数码相机、笔记本的应税额从之前的每台 1000 元下降到了 200 元。

部分商品完税价格对比

	完税价格（元）		行邮税税率		应税额	
	调整前	调整后	调整前	调整后	调整前	调整后
香水（瓶）	100	300	50%	50%	50	150
眼霜 / 面霜（瓶）	—	200	—	50%	—	100
数码相机 / 笔记本（台）	5000	2000	20%	10%	1000	200
葡萄酒（12 度以下）（瓶）	500	100	50%	50%	250	50
外衣	50	1300	20%	20%	10	60
皮大衣（件）	300	2000	10%	10%	30	200

续表

	完税价格（元）		行邮税税率		应税额	
	调整前	调整后	调整前	调整后	调整前	调整后
手机（台）	—	另行确定	—	10%	—	

但是，并不是所有消费者都需要完全按照上面公式计算出的应税额缴纳行邮税。这其中还涉及免征额和包裹限额。

根据海关的规定，个人进境邮递物品单次限额1000元（港澳台地区限额800元，不可拆分单件商品除外）。如若超过，需走贸易清关通道。贸易清关不仅仅是税收更高，其涉及的贸易资质、商检、报关等流程构成了个人海淘用户的壁垒。于是，1000元的单笔订单是海淘的天花板。

另外，就入境旅客随身行李来说，海关为境内居民提供5000元的免税额度，超出部分将按规定收取行邮税。但在5000元的免税额度以内，还需符合单一品种限自用、数量合理的原则。

举例来说，以奶粉每罐200元的完税价格来算，5000元的免税额度可携25罐奶粉入境。但没有任何理由能够合理说明自用奶粉一次性需要25罐，故虽在限额以内，却也需缴税。

同时，海关还对一定金额以下的应税额予以免征。根据1994年海关发布的规定，该免征额为500元（港澳台地区为400元）。2010年海关总署发布第43号文，将进境物品行邮税免征额从500元大幅缩减到了50元。

其实，按照之前500元的免征额和1000元的单笔限额来看，绝大部分进境包裹将免征行邮税。但当免征额降到50元以后，许多包裹将无法再享受免征待遇。

这项规定直接造就了目前海淘行业许多畸形的现象，奶粉就是最直接的例子。按照海关规定的完税价格和邮递限额，海淘用户理论上一次可购买5

罐奶粉，尚能有效分摊国际物流成本。但实际上，大多数海淘网站建议用户每笔订单不超过 2 罐，若想大量采购的话则建议拆单，从而造成了物流效率的极大浪费。

之所以出现这种现象，就是为了享受免征行邮税的待遇。2 罐奶粉的行邮额为 40 元，落在免税额以内。但 3 罐奶粉的应税额为 60 元，就不能免税。为了购买这第 3 罐奶粉，消费者将需要支付 60 元的行邮税，也是一种不经济。于是，单笔 2 罐几乎成为奶粉海淘行业的一个惯例。

海关 2010 年第 43 号文结合 2012 年第 15 号文，对海淘化妆品行业的杀伤力巨大。海淘眼霜、面霜单瓶的行邮税为 100 元，香水和精华液的应税额更是高达 150 元，都超出了免税额。一瓶就需缴税，海淘化妆品免税的日子因此成为历史。

核价之外，行邮税在实际操作中面临的另外一个大的挑战是物品核实：审核包裹中的邮递物品是否与申报物品相符。如果对每个包裹都拆箱验货，需要极大的人力、物力，在原先的清关业务逻辑下几乎不可能。

而如果不能做到全开箱，就有心存侥幸的消费者会谎报、虚报商品。特别是通过邮政这一绿色通道清关的时候，因为抽检的概率比较小，逃税的空间随之增大。许多海淘商家都会给出一个清关被税的"概率"，可以将它简单理解为邮政清关被抽查到的概率。

保税电商的阳光化清关

不可能在包裹清关时逐件核实商品，但能在货物批量进口时阳光清关，这就是保税区电商的做法。它的创新点在于将贸易清关的做法引入到了邮递物品清关。

当国际商品批量进入保税区时，就正式进入海关的监管范围，之后的所有商品流向都将接受海关的全程监管。所以，当商品在保税区完成分拣和包装进入到清关环节时，海关能确切地知道每一个包裹中的商品。

更进一步，通过与电商平台打通底层的商品、交易、物流信息，海关还能确切地知道商品的成交价格。相比刻板的参照完税价格表，通过电子商务这种技术和全社会的资源协同，保税电商在清关的效率和合理性上都实现了质的飞跃。

保税电商已经铺垫了很久。早在 2012 年 2 月，国家发改委就发出了《关于促进电子商务健康快速发展有关工作的通知》，之后由海关总署牵头推进跨境贸易电子商务服务试点。

2012 年 5 月，海关总署推荐了上海、重庆、杭州、宁波、郑州五市作为试点，并于当年 8 月份得到了发改委的批复。2012 年 12 月，跨境贸易电子商务服务试点工作启动部署会在郑州正式召开。

但直到 2014 年 3 月，海关总署才以加急通知的方式确认了保税进口的服务模式，并新增广州作为保税进口试点海关。之后，随着海淘温度的进一步提高以及各大电商平台对保税进口模式的积极尝试，保税电商逐渐走进了海淘一族的生活。

其实对海淘用户来说，阳光化清关不但不是他们的核心需求，反倒是他们会有意规避的模式，因为避税是海淘族本能的需求。并且，以实价计税的做法还会进一步挫伤海淘用户的清关意愿。

目前大部分主流海淘商品的实际成交价格都要高于之前海关公布的完税价格表中的价格，所以保税清关意味着用户将支付额外的行邮税。消费者自然是不情愿的。

保税电商要想得到海淘用户的认可，只能寄希望于提供更好的物流和服务，这需要接入保税区的电商平台和运营商家的共同努力。

对商家来说，应用保税模式涉及一系列的资质门槛，短期内难以广泛普及。同时，保税备货模式更适合于销量较大的标准品。对库存宽而浅且市场需求不可预期的非标准品来说，全球跨境采购的风险太大，难以应用到保税模式下。

保税模式最重要的意义在于大幅改善了海关的业务流程，消除了传统物品清关中的灰色地带。虽然政策上仍存在一定的不确定性，但毕竟有规范才有未来。这可能是保税电商的核心竞争力。

海淘走向全产业链时代

当跨境电商开始打出"免运费"旗号的时候，我们不用太惊讶，因为严格说来，跨境物流的成本并没有想象中那么高。

海淘或许是目前国内所有的电商行业里面供应链水平最低的一块市场。海淘的供应链整合难度极高，从采购到物流再到清关的每一个环节都充满了挑战。政策的不确定性也增加了海淘的风险。

但在国人买遍全球的强烈需求的推动下，大批企业携巨额资本进入这一行业掘金。

由于海淘的供应链并不成熟，加之政策方面的不确定性，不同的从业者结合自身的角度给出了各不相同的解决方案。究其根本，通过拆解供应链的不同环节可以将海淘分门别类。

物流：从粗放到精细

物流恐怕是跨境电商中最笨重的一环，也是此前海淘面临的最大挑战。借助全球互联网，消费者坐在电脑前动一动手指就能买遍全球。但是为了将商品从万里之外漂洋过海送到用户手中，海淘"搬运工"就成了特别艰难的一个角色。

国际快递当然是大家首先想到的物流方式。速度快、服务有保障、业务成熟，UPS、FedEx、DHL等国际快递巨头的品牌也早已深入人心。这些统统构成了国际快递这种物流方式的优势。

既然国际快递有这么多确定性的优点，海淘族为何还要在物流方式的选择上绞尽脑汁？

答案很简单：成本太高是国际快递致命的弱点。我们以三大国际快递公司从美国洛杉矶寄送1千克的包裹到中国上海为例，选取各自最经济的服务方式，UPS、FedEx、DHL国际段的运费分别为316元、415元和355元，这还不包括两端国内的配送费用以及可能产生的清关等其他费用。虽然通过一些大型的物流平台，消费者能够在此基础上拿到一定的折扣价格，但是动辄上百元的运费依然是海淘一族不能承受之重。

如果严格按照海关的规定来执行的话，个人进境邮递物品限额1000元，快递费会让海淘的性价比大打折扣。这就决定了该种物流模式难以成为主流。

同时，国际快递清关相对透明，缺乏"弹性"，这又进一步降低了快递模式的竞争力。

国际快递虽有诸多优势，但却被性价比一招毙命。邮政小包提供了一种性价比更高的直接替代方案。同样以上面的包裹为例，邮政小包的物流费用能够控制在100元以内。这就让海淘在经济上变得相对可行。

当然，与相对便宜的价格对应的就是更慢的速度和打折的服务。而这是海淘族不得不面临的取舍。

国际快递的收费高高在上，但是它的成本究竟有多少呢？

洋码头创始人姚碧波曾透露，从美国洛杉矶到中国上海的空运价格仅4元/千克，这与快递公司的报价简直有天壤之别。转运平台"海外通"负责人杨学海披露的一组数据也能从侧面印证这一点：海外通平台从洛杉矶仓库收货，到广州白云机场入境，包括空运和清关费用在内的总成本只有 9.8 元 / 千克。

即使考虑集货模式下的分拣包装和境内快递费，上述包裹从海外入仓到配送到中国消费者手中的总成本也能控制在 30 元以内。相比国际快递和邮政小包，国际物流存在着巨大的成本优势，而消费者只需在速度和服务上稍做牺牲。

所以当跨境电商开始打出免运费旗号的时候，我们不用太惊讶，因为严格说来，跨境物流的成本并没有想象中那么高。

转运公司曾经是海淘业务中非常重要的一员。由于许多海淘商品来自国外的电商网站，而这些平台大部分不支持跨国直邮，因此对转运公司的需求就产生了。但严格意义上来说，转运公司只是海淘产业链中的一个环节，它们并没有跳出国际快递、邮政小包和国际物流这三种模式的框架。不过在看到国际物流模式的发展前景以后，不少转运公司逐渐发展为国际物流服务提供商。

相对于国际快递和邮政小包，国际物流模式存在着巨大的成本优势。虽然国际物流在海淘行业起步较晚，但它的发展速度非常快。同时，国际物流的效率和体验也在快速改善。以洋码头旗下的贝海国际速递为例，通过在洛杉矶、旧金山、纽约等地设立货站，贝海国际保证每周至少有 5 趟航班从货运中心发往中国，洋码头的商品配送时间因此得以压缩至 4 ~ 7 天。同时它还打通了物流信息，让包裹状态可实时跟踪。

可以预见的是，国际物流将会成为海淘电商打造供应链竞争力的核心阵地。

清关：从灰色到规范

只要存在跨境商品流通，就涉及清关，海淘也不例外。清关主要分为两种模式：贸易清关和物品清关。贸易清关主要适用于一般贸易，而个人邮递物品则采用物品清关的模式。

物品清关相对于贸易清关存在许多优势。物品清关的手续更加简单，大幅简化了贸易清关烦琐的商检和报关流程。在商品征税方面，物品清关采取三税（关税、增值税、消费税）合一的征收方式，税率也更加优惠。同时，《中华人民共和国进境物品完税价格表》确定了常见入境物品的完税价格，免除了商品核价的过程。

结合人"趋利避害"的本能，我们可以提炼出海淘清关的基本原则：能免税的尽量免税，不能免税的尽量少交税，能够走物品清关的一定不要走贸易清关。

落实到具体操作，无外乎两种手段：一是降低被抽查的概率，二是谎报物品、虚报价格。

目前只有一个渠道能够降低被抽查的概率，那就是邮政清关。为了促进和改善国际邮政业务，海关为万国邮政联盟旗下的邮政系统开辟了一条绿色通道。邮关是一套独立于海关的系统，通过邮关清关的物品直接发往当地邮局，由邮政自行清关，海关在此过程中仅行使监督职能。

真正让邮政清关变得有吸引力的地方在于邮关采用"批量报关 +X 光机检验 + 随机抽查"的方式清关。只有被 X 光机鉴定为明显不实和被抽查到的包裹才会被逐单清关。其他包裹即使是消费者虚报、谎报物品，也能侥幸蒙混过关。

所以，当海淘用户通过国际快递购物时，快递公司往往要求消费者上传身份证等信息，因为普通快递公司在入境时需要逐单清关，而邮政包裹只有在用户被抽查到时才需要相关信息。因此，虽然从价格和服务来看，邮政小包并无太大优势，但得益于在清关环节上独一无二的便利，它仍然是许多海淘族首选的物流模式。

当然，这并不是说只有被抽查到的包裹才需要交税，而没被抽查到的包裹就可以免税。入境物品行邮税严格按照国家相关规定执行，清关检查的目的只是在于核实商品的质量、数量、价格等信息，排除虚报、谎报的情况。

但只要海关不能做到将所有包裹都开箱检验，虚报、谎报的情况就不可能根除，这也即我们所称"灰色"清关的意义所指。随着海淘市场的引爆，每年上亿个的包裹涌进来，在传统的清关业务逻辑下，几乎不可能实现完全的阳光化。

不过，目前国家正在积极试点的一种模式为入境包裹批量化阳光清关提供了可行的解决方案，那就是"保税区"模式。

保税区可以简单理解为中国本土市场的一块"自由港"，国际商品可自由进出该地区（不算入境），但该地区的商品流通需在海关的全程监管下进行。

保税区海淘的核心逻辑在于将监管重心从包裹零散入境阶段前移到商品批量入区（保税区）阶段。当海淘商品进入保税区以后，海关就完成了商检、备案等流程，并持续跟踪之后的流向。所以当商品分拣、打包完成后，海关无须再去核实商品。

更进一步，通过与海淘电商平台打通底层数据，海关能确切地知道商品的交易价格。行邮税因此得以从实征收，不用再笼统地参照完税价格表。

通过技术手段和全社会的资源协同，海关第一次可以确切地知道通过保税区入境的每一个包裹中的商品和价格，从而实现入境物品清关的阳光化。

另外，人肉带货是一种集物流和清关于一体的海淘模式，它常见于出境旅游和香港代购。在满足自用和数量合理的前提下，海关为境内居民提供5000元随身行李的免税额度。

至于转运、集货等物流方式，其清关方式也落在贸易清关和物品清关的大框架下。

入境商品清关的基本原则是对个人物品免征、少征税，对贸易物品在符合国际贸易规则的前提下合理征税。但由于技术上的操作困难以及存在监管套利，消费者一直在与监管方玩猫捉老鼠的游戏。

保税区模式提供了一种可行的阳光清关方案，但该模式的应用场景存在较大限制，全面推广后又与一般贸易存在一定冲突，目前仍在摸索阶段。

采购：从无到有

海淘的出发点是消费者的需求，海淘供应链的起点则是采购。

海淘采购需要回答两个问题：买什么？找谁买？

放到传统的零售场景，选品可能会是商家最头疼的问题，因为在供大于求的市场里，及时发现适销对路的商品无疑是很重要的竞争力。

但海淘的游戏规则不一样。海淘大规模兴起的根本原因是境内消费者的需求未能被有效满足，所以只需要找到消费者有明确需求的商品就行。在供不应求的海淘 1.0 时代，海淘的采购只是纯粹的"跑腿"。

这一时期海淘的主要品类是 3C、母婴、化妆品等标准品，它们的共同点是每个品类都存在广为人知的品牌和爆款单品，海淘一族对它们也都有非常成熟的认知，能够明确表达出自己的需求。

但是当海淘进入服装配饰、日用百货等"深水区"时，消费者的需求就变得比较模糊了。用一句话来形容用户的感受就是："我知道这些商品好，但我又不知道具体买什么。"受语言、地域等限制，海淘用户不可能像在国内消费那样去逛街和挑选。于是，一批导购网站和买手平台在海淘行业应运而生。这是国内海淘目前所处的时期，我们称之为海淘 2.0 时期。直到这时，选品才完成从无到有的蜕变，成为海淘网站的一项竞争力。

回答了"买什么"的问题以后，海淘面临的下一个问题是"找谁买"。二级代理商、一级代理商、品牌商，这是国内电商在传统零售行业的突破路径。但海淘目前的采购对象却主要是消费品行业的最末端——终端零售商。

从国外的品牌商到国外的零售商，再到海淘商家，最终配送到国内消费者手中，海淘商品的流通路径相对于传统零售延长了整整1倍。这是海淘之路无奈的选择。

就非标品来说，因为采购相对分散，尚未实现规模化运营，海淘难以争取到上游话语权，只能在终端市场扫货倒也正常。但中国的海淘族在传统标品上的购买力已经非常可观，理论上来说已经能够帮助海淘商家争取到供应链上游的授权。

但现实情况恰恰相反，品牌非但没有给出授权，反而在零售端制定了严格的限购政策，这就进一步加大了海淘商家扫货的难度。目前规模化运营的海淘商家只能通过发动留学生、当地白领和家庭主妇来组织货源，资源浪费巨大。

综合来看，不管是选品还是组货，海淘在采购环节的供应链都还处于非常初级的阶段。

海淘迎来全产业链时代

海淘供应链三大环节模式对比

阶段	采购	物流	清关
海淘1.0	个人代购：留学生等兼职代购 人肉背包客：主要适用于香港海淘 海淘工具：导购、优惠券、返利、搜索、浏览器插件	国际快递 优点：速度快、服务好、行业成熟 缺点：价格贵、逐单清关	贸易清关：一般大额贸易强制清关方式，商检、报关流程烦琐，费用较高

续表

阶段	采购	物流	清关
海淘 2.0	商业化代购：海外扫货规模化、流程化 自采自销：在部分标品市场尝试自营 买手制：买手电商和买手平台出现	邮政小包 优点：价格适中、清关便利、逃税空间大 缺点：速度较慢、物流不透明	物品清关： 优点：面向个人的行礼和邮递物品清关方式，税率更优惠，流程更简单 缺点：海关系统难以支撑巨大的入境包裹数，同时谎报、虚报现象严重
供应商：	仍以终端零售商为主，代理商、品牌商缓慢突破	国际物流 优点：价格低、速度和服务迅速改善中、物流过程透明 缺点：行业刚起步，缺乏知名品牌；清关不确定性	保税区： 优点：全程跟踪货物，信息全透明，包裹清关阳光化 缺点：目前处于探索期，与一般贸易存在隐性冲突，政策不确定性

毫无疑问，物流是海淘用户最核心的痛点，它也因此成为企业重点突破的环节。2009 年，姚碧波辞职创业，经过一年筹备，推出自建的国际物流平台——贝海国际速递。2011 年 7 月，洋码头网站正式上线。得益于在物流环节的深度整合，洋码头能够大幅提升海淘配送的速度和服务，并有效平衡成本。2013 年以来，洋码头迎来了爆发式增长。

物流之于海淘最重要的意义在于整合资源和打通信息。通过将快递、邮政、航空公司等社会化的物流资源与海淘用户零散的需求进行对接，能够显著降低跨境配送的物流成本。同时，配合物流信息的全程可视化，海淘用户的物流体验得到了质的改善。

但即使做到这一步，海淘仍然只是一项"只有下游，没有上游"的业务。海淘的"上游"指的是选品、定价、陈列、促销等零售行业的基本职能。

但组织全球供应链并不是一件容易的事，海淘企业在这方面一直切入得比较浅。上线较早的"美国购物网"的定位为代购平台，"北美省钱快报"主打优惠信息，"什么值得买"的基因则是导购平台。除此之外，还有不少专攻搜索、返利、外汇和物流工具的海淘企业。这些企业的共同点是模式非常轻，很难从根本上改善海淘的购物体验。

垂直市场的引爆为海淘企业建立真正的上游供应链提供了机会。蜜芽宝贝从奶粉和纸尿裤入手找到了突破口。奶粉和纸尿裤的共同点是行业集中度非常高，大部分销量都集中在少数品牌的少数商品上。同时，境内外商品存在非常大的价差，中国消费者对海外商品有着非常强烈的需求。

这些特点使得奶粉和纸尿裤的海淘供应链相对比较简单，只要搞定少数几个爆款就能撬动一个行业，迅速打开市场。

更进一步，围绕年轻妈妈这个群体和育婴这一主题，品类扩张也比较容易实现。在种种天时地利因素的作用下，蜜芽宝贝取得了飞速的发展。

至此，海淘终于迎来了"采购—物流—销售"的全产业链时代。

价格歧视，海淘的最后主战场？

如果剔除品牌的价格歧视，并且完全实现阳光化清关，海淘的生存空间将大大缩小。于是，价格歧视就成了海淘的最后一块主战场。

中国制造以其廉价的劳动力和资源成本、完善的产业链结构，正在快速席卷全球的制造业领域。中国每年数万亿美元的出口和上千亿美元的贸易顺差都是中国制造辉煌的注脚。

同时，当中国制造以低成本高效率杀得全球制造业落荒而逃的时候，国内的消费者却在抱怨本土消费品价格高企。

我们很难对一国整体物价水平的高低做出严谨的判断，但是同样一个品牌的商品，在中国市场的价格比国外高出许多的现象确实广泛存在。

我们不禁要问：为什么会出现这种畸形的情况？

税制不同导致价格差

当然，这其中合理的一点解释是，由于不同国家和地区税制的不同，会导致商品本身的价格存在一定差异。就中国的案例来说，这一差异理论上是17%，即我国的增值税税率。也就是说，在其他前提条件完全一样的情况下，中国商品的价格将比国外市场贵17%。

可能很多人看了这个结果后就不淡定了：凭什么我们拿着远低于欧美发达国家的工资，却要承受比他们更贵的物价？

工资水平另当别论，但更高的物价水平对应着的是更低的所得税税率。我国的个人所得税目前采用3% ~ 45%的七级超额累进税制，对比美国的个人所得税税率分为15% ~ 35%五档。美国个人收入的综合税率高于中国。

政府公共财政收入结构也能说明这一点。2014年，我国公共财政收入为14万亿元。其中，个人所得税为7377亿元，占比仅5.3%。而欧美发达国家个人所得税占国家税收总额的比重高达29%，考虑社会保险的话，这一比重将超过50%。

与欧美以所得税为主体的税收结构不同的是，我国以流转税为主。

2014年，我国国内增值税收入为3.1万亿元，占全国公共财政收入的22%，是我国第一大税种。营业税也是另外一大重要的流转税，占比达12.7%。但正所谓羊毛出在羊身上，这些税收都隐含在我们日常购买的商品中。

那么问题来了：有的国家的商品价格不含流转税，有的国家商品含流转税，并且不同国家的税种、税率也不尽相同，跨境贸易的时候该如何应对呢？

一种简单且合理的处理方法是所有跨境的商品以零含税的价格进入离岸市场，到达目的国后按当地的税制重新征税。

在中国的跨境贸易场景下，这种方法的应用就是在商品出口时国家退还商家 17% 的增值税，而进口的商品则要统一征收 17% 的增值税。2014 年，我国出口征税额和出口退税额分别为 1.44 万亿元和 1.13 万亿元。

所以，按照我国现行的税制，正常情况下国内商品至少会比国外贵17%。更进一步，由于我国尚未完全实现自由贸易，关税也会增加进口商品的成本。我国去年征收的进口关税超过 3000 亿元，这些最终都会转移到商品零售价格中，由境内消费者买单。

以 10% 的平均关税计算，按照一般贸易方式进口的商品价格将比国外高出 28.7%。

另外，考虑到国内零售行业的流通效率相对于国外更低以及国际贸易的成本，国内外的商品价差还会更高一些。

品牌的歧视性定价

但即使考虑上述所有因素，仍不能完全解释许多国际品牌在中国市场的零售价格。客观现实之外，这就涉及另外一个主观原因：品牌的歧视性定价。

经济学里面的"价格歧视"只是一种纯粹的经营策略，本身并无褒贬。对于同一件商品，不同的消费者愿意付出的代价是不一样的。

所以，为了赚取尽可能多的利润，向不同的消费者收取不同的价格是商家最理想的状态。这就是所谓的一级价格歧视。

但是一级价格歧视在实际操作中几乎不可能，于是折中的策略是三级价格歧视：人群定价，面向不同的人群实施不同的价格。

应该说，中国消费品行业崇洋媚外的现象直到现在依然普遍存在，这就为国际品牌实施三级价格歧视提供了机会。所以国际品牌进入中国首先考虑的并不是税制差异和效率降低带来的成本压力，而是消费者的价格承受能力。

价格歧视带来的结果是国际品牌进入中国后的"档次"往往都能得到大幅提升：大众品牌摇身一变成为高端品牌，高端品牌向奢侈品品牌靠拢，真正的一线奢侈品更是把价格歧视发挥到了极致。中国市场完全就是"人傻、钱多"。但说到底，价格歧视赚的是信息不对称和贸易壁垒的钱。

税制差异和价格歧视共同作用，造成了国际品牌国内外零售价格悬殊的局面。这就为消费者提供了套利空间，直接催生了海淘这一商业模式。我国目前每年规模数千亿元的海淘市场，除了解决一部分"人有我无"的需求外，大部分其实是一种淘便宜的套利行为。

哪里是海淘的主战场？

那么，海淘反过来又将对税制和品牌的经营策略产生什么样的影响呢？

关于海淘，首先需要明确的一点是：政策套利的空间其实非常小。

以海淘最常见的个人邮递物品清关模式为例，1000元的单次限额（港澳台地区限额800元，不可拆分的单件物品除外）决定了海淘的天花板。超过这一金额的包裹需采用贸易模式清关，相应的对贸易资质的要求、商检、报关的费用、入境的税收等都会让海淘变得不经济。

而在1000元的限额内，海关将分品类征收10%～50%不等的行邮税，并提供50元的免征额度。行邮税相对于贸易清关模式下的关税、增值税、消费税这三税有较大优惠，但考虑到1000元的最大限额，海淘用户能够占到的便宜并不多。

但与此同时，随海淘而来的物流费用却不可小视，少则几十元、多则数百元，很容易就侵蚀了税制差异带来的套利空间。

所以，如果剔除品牌的价格歧视并且完全实现阳光化清关，海淘的生存空间将大大缩小。于是，价格歧视就成了海淘的最后一块主战场。

小规模的海淘对品牌来说有着非常积极的一面：拉动国外销售、培养国内潜在消费者。但是如果全面渗透，甚至引得传统线下消费者走上海淘的道路，就是本末倒置了。

而品牌的应对策略其实也很简单，不论是调整国内定价策略还是加强海外限购，在操作上的难度都不大。

如此看来，品牌反倒是笼罩在海淘头上的一片乌云。

但换个角度来看，对于大量尚未正式进入中国市场的小众国际品牌来说，海淘这一商业模式为它们提供了一条新的销售渠道，后发反而成为优势。

海淘的未来在哪里？其实，跨境电商与本土电商本无二致，只是电商的边界从全国扩大到了全世界。

下篇 电商突破瓶颈的五大法宝

第十章　提升媒体整合能力

　　随着电商模式越来越成熟，进入这个行业变得越来越容易，但同时崭露头角也越来越难，因此营销日益成为经营者关注的重点。据调查显示，移动互联网时代产品从曝光到变现的过程变成了 3 分钟，电商必须在这 3 分钟内打动用户、引起消费冲动。所以单一的媒体呈现方式已不能满足这种需求，电商必须提高媒体整合能力，让媒体同时成为社交分享的载体、形成体验感的最前线，要能够针对场所、场景来挖掘和应用媒体。

在移动互联网时代玩户外媒体

面对移动互联网带来的变化，户外媒体的确需要去积极思考如何应变。

很多广告主都在想，看手机的人多了，抬头的机会就少了，户外广告的曝光率和到达率就下降了。因此，企业投在户外媒体上的广告预算要重新考虑了。

但是，根据 CTR 媒介智讯统计的数据，户外媒体依然是广告市场中最具稳定性和成长性的市场。

2014 年，传统媒体一片哀号，电视广告收入下降 0.5%，报纸广告收入降幅达到 18.3%，杂志广告收入降幅为 10.2%，但户外媒体和广播广告收入却分别增长了 9.5% 和 10.6%。

答案应该很容易找到：广播的发展主要依赖有车族及其衍生出的包括 App 在内的移动化生活方式；户外媒体相对比较稳定——人们生活节奏加快，时空的移动变化速度加快，因此，对户外媒体应该有更多的接触机会和接触点。

同时，大家也不得不面对的现实是：移动互联网发展非常迅速，小屏幕正在挤占人们越来越多的碎片时间和移动中的时间。这也对户外媒体产生了一定程度的挑战：如果人们真的在大多数户外媒体的空间中都不抬头，那么户外媒体的效果会不会下降呢？户外媒体如何在移动互联网时代生存？

内容创意＋跨界融合成生存之道

面对移动互联网带来的变化，户外媒体的确需要去积极思考如何应变。

首先，户外媒体面对的广袤空间，借助创意的力量，完全可以成为互联网上的话题源头，或成为移动社交分享的载体。

凡客诚品的"凡客体"曾在网上引发热议，但是，"凡客体"成功引爆的源头却是户外广告。因此，对于户外广告而言，要从互联网语境的角度来思考户外的创意和内容，让户外媒体成为话题的源头。这也就亟须户外媒体想出能够成为网络话题的创意，从而打破传统广告广而告之的旧模式，引发用户在社交媒体及互联网上的分享。

其次，从跨媒体的角度，户外媒体应该思考怎样跟移动互联网之间建立关联。

无论是各类公共场所 Wi-Fi 通道的建立，还是近距离户外广告和手机之间链接的建立，比如通过二维码、微信、互动等方式和新技术的应用，都可以提升户外媒体的影响力、互动性和媒体价值。

例如，2014 年下半年，分众传媒的楼宇电梯广告就加入了 Wi-Fi 热点，增加了互通、互联、互动功能。分众传媒及时抓住移动互联网，从户外生活圈媒体变成了一个 LBS（基于位置的服务）公司，通过楼宇中的基于地理位置的广告平台，可以和移动互联网上的所有客户端进行互动。

今年情人节，分众传媒推出"全城示爱"活动，将情侣之间的祝福以弹幕形式呈现在对方所处位置的分众屏上，让小区楼下、办公大楼、购物中心成了表白发布中心，推动户外媒体进入一个线下即线上、线上即线下、媒体即渠道、渠道即媒体的时代。

最后，在户外媒体所依托的渠道中，可以增加更多的消费者体验和互动的内容。举个例子，在健身会所，会员停留的时间有 2 小时左右，利用好这个时间，巧妙地策划一些跟健身会所环境相关的主题式营销活动，就能给消费者留下深刻的印象。

比如，宝马北区除了在健身会所的媒体中告知 BMW3 系的促销活动信息之外，还同时在健身场所开展"寻找运动王者"的活动，结合健身行为举办"王者三项挑战"比赛吸引会员互动，并成功带来了到店销售。

新技术给户外媒体带来更多的价值增长点，而不是替代了户外媒体。移动的人才能有更多的时间在户外接触媒体，因此，移动互联网和户外媒体两者的受众高度匹配。未来，如何跟互联网、移动互联网、大数据结合，值得户外媒体思考。

赋予户外广告体验感

移动互联时代，户外媒体要增强消费者体验，首先要融入有创意的策划，使消费者可以通过手机进行连接。

例如，美国的 Clear Channel Outdoor 就在 2014 年发布了一个名为"沟通"（Connect）的技术平台，将户外广告与消费者的智能手机进行跨平台连接。这个平台将户外装置变成数字接口，可以设置在购物中心的书报亭或是机场的指示牌上，当行人经过时，安装在其中的移动传感器感应到后就会启动装置。也可以在公交站台设置的某个广告中，要求消费者点击屏幕以获得更多信息，然后会发给他们一个移动网址或是 App 下载地址。

这些精彩的互动广告创意会让消费者乐于参与其中。对于户外广告主而言，这无疑是个好机会，能在预设的地点，通过小小的手机屏幕接触到从前难以企及的消费者。

其次，就是结合消费者情绪和当下热点，创造主题性的时点营销。即基于特定的主题、节日、热点，策划相应的主题活动，并与社交媒体话题分享结合起来，放大品牌效应。

例如，王老吉在寒假到来之际，发起了"让爱吉时回家"的公益活动，包下贵广高铁、武广高铁、厦深高铁三条线路的爱心专厢，成功帮助千名学子春节回家。同时，还在官微发起"一触吉发，为爱转发送吉金"活动，连续3周发布与回家团聚有关的讨论主题，话题阅读人数累计达1800余万次。

最后，从广告创意上进行突破，赋予广告本身一定的体验性。利用技术的融合、场景与氛围的塑造、体验感的增加，呈现出可供受众分享的内容。

例如，可口可乐在德国推出迷你罐的时候，应景地开了一些可爱的小亭子来售卖它们。每个亭子甚至还有小型自动售货机。宣传标语写着："生活中的小事情，让我们快乐。"很多媒体都可以做一些结合场景的创意，例如地铁通道的媒体，可以利用其宽敞的空间，设计一些可以和消费者互动的游戏，从而提升消费者对广告及品牌的印象。

借力跨界枢纽

移动互联和各种跨界的内容相融合，是跨界整合的一个重要枢纽。但是，从品牌的角度考虑，必须思考其创意协同性，即跨媒体传播的同一性、主题性——在电视、移动媒体、户外媒体上应该呈现相似的内容，但在不同媒介上要使用不同的创意手段。

移动互联更倾向于互动性和参与感，在户外媒体上应更注重话题性、引爆性、视觉感和冲击力，而电视则要实现更多的曝光，杂志要有更具深度的内容。

对于企业而言，目前最大的挑战在于对各类媒体的整合能力。此外，对户外场所、场景要加以挖掘和应用，与环境共生的概念要更加突出，要思考消费者置身不同的户外场景中，会产生怎样的情绪和需求，再通过体验、互联网或移动互联的方式进行嫁接。

读懂互联网广告新生态

这些看似基础的知识却如此重要，它们都深刻影响着互联网营销分析与优化的技术和方法。

我们只有对互联网广告的产业链有了基本的了解，才能对互联网营销游刃有余。

这条产业链有三个角色：广告主、媒体、广告商。广告主显然是指想为自己的品牌或者产品做广告的人，例如宝马、Intel、蒙牛等公司；媒体则是提供广告位置的载体，例如电视台、网站、杂志、楼宇等；广告商本质上就是中介，帮广告主找到媒体广告位，帮媒体找到广告主。

当然，这个产业链还有一个不能忽略的部分，那就是"消费"广告的人，即受众。根据受众各自的特点，可以将其分成一些相近的人群。20多岁、刚刚毕业的女大学生有很多相近之处，销售护肤产品的企业会把她们当作同一个人群，并且认为她们是自己的目标受众，因为这一类人对美丽容貌的追求是显著的，且开始有一定的消费能力。对企业而言，将广告传播给潜在的消费者是最基本的目标。

不过，到了现实中，事情变得更加复杂，把广告做好已经不是一个部门能干好的。

例如，怎样的广告能吸引人呢？这涉及创意——图形及文案，甚至动画及其拍摄。投放到哪些媒体上才能击中目标受众呢？这又涉及对营销推广渠道及受众的分析和选择。接收到广告之后，大多数目标受众不会立即购买，而是会去进一步了解企业生产的商品，这又需要有一个承载更多信息的平台接纳、满足他们的探索欲，并尽全力说服他们购买商品。为了影响到目标受众，企业要做的不仅仅是广告本身，还有其他许多在不同环境下同样有效的方式，例如公共关系营销、病毒营销等，每一种都需要特别专业的知识和经验。

如此一来，整个营销推广的世界一下子变得空前复杂，上面的每一个领域都有数量庞大的服务商在提供专业的细分服务。而互联网的出现，则更加剧了这种复杂度。

把中小网站联合起来

虽然互联网上的海量网站和信息是它的价值之源，但也为传播广告带来了空前的麻烦。

与在电视上投放广告不同，互联网上的用户更加碎片化，无论是浏览网站还是使用 App，浏览时间同样变得碎片化，如果要击中更多的目标受众，不得不跟数量极为庞大的网站或 App 分别谈判。这实际上非常不现实。于是广告主倾向于购买大型网站上的广告位，而那些流量不大但质量不错的中小网站往往被忽视。

但是，有供给（中小网站的广告位）、有需求（广告主同样希望扩大广告的覆盖广度），就一定有市场。市场的出现，让那些有广告位却"不受人待见"的中小网站明白单打独斗是没有生意的，但联合起来就不同了。

多个中小网站作为一个整体共同面对广告主，不仅省去了广告主跟各个网站分别谈判的麻烦，也为广告主增加了价值。但中小网站们怎样联合？谁来与广告主谈判？如何定价……如果没人牵头，根本就不具备操作性。

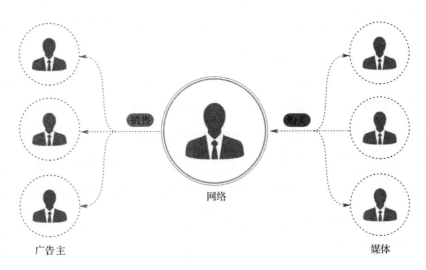

互联网广告的产业链

　　由此，一种被称为广告网络（Ad Network）的事物应运而生，它既像是一个行业协会，又像是一个中小媒体（publishers，包括网站和 App）的中介，它帮助建立媒体联合的标准和方法，代表这些媒体与广告主谈判，提供双方都能接受的定价。愿意进入广告网络的媒体，将会签订一个协议服从规则。

　　如果广告主有广告需求，会发给广告网络，然后广告网络会把这个广告散布到适合发布的众多媒体上。广告主付费之后，其中相当一部分费用被分配给媒体，广告网络则收取中介费。

　　在广告网络内所做的广告，与直接和某个大型网站谈判而签订的广告合同不同，前者更适用于按照展示量或者点击量来收费，即 CPM 或者 CPC 的收费方式，而后者在中国，则基本是按照天数（CPD）来收费。广告网络的出现广受欢迎，甚至连一些大型网站也会加入广告网络，原因在于它们总有一些无法完全销售出去的边边角角的长尾广告位，现在终于有了变现的渠道。广告网络在国外最具代表性的是 Google 的 AdSense，在中国则有易传媒和好耶。

　　对于广告网络而言，不仅需要获得更多媒体的认可和加入，还需要让广告主觉得在它的网络上所花的钱是值得的，而且广告网络自己还要能获利，这使得如何进行广告的定价变得极其重要。

本质上，广告网络是一个计算精密的数学模型。但广告网络计算得再精密，媒体可能还是会有微词，毕竟定价权不掌握在它们手中。而且随着一些广告网络成长得越来越大，媒体的话语权越来越小，本来广告网络只是一个中介，结果中介控制了整个市场，占了大部分好处，却没让媒体吃到大鱼大肉。另一方面，广告主则可能抱怨广告网络提供的广告位大多是长尾流量，并没有那么好，自己花了钱，但是获得的流量却不精准，获得的受众并不是目标受众。

不仅如此，市场上往往存在不止一个广告网络，有的广告网络因为它手上的广告主跟这些媒体不是很匹配，导致部分质量不错的媒体广告位卖不出去，于是它把这些媒体的广告位以更低的价格卖给另外一个广告网络，如此循环往复。

这个市场开始变得乱哄哄，广告主和媒体之间夹杂了数量太多的各种"中介"。广告主犯愁了，面对良莠不齐的广告网络，该选择哪一个呢？媒体也犯愁了，不同广告网络的价值各不一样，广告格式、定价、背后的广告主质量都不相同，又该如何取舍？

将定价权转让给供需双方

既然有问题，那么就一定有解决问题的市场。于是又一个新事物应运而生，被称为广告交换平台（Ad Exchange）。

与广告网络联合媒体不同，广告交换平台不仅仅联合媒体，它也把广告网络联合起来，这些拥有广告位的，被统一称为"供应方"。广告交换平台为这些供应方提供了一个用于展示自己资产（即广告位）的界面，只需要在平台上展示。

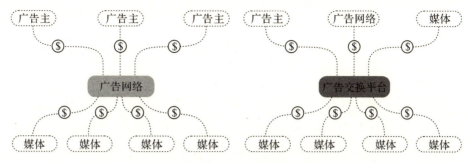

广告网络与广告交换平台对比图

对广告主来说，可选择的范围从多个广告网络转变为一个广告交换平台，并且可以自己挑选广告位。不过，除了广告主，广告主的广告业务代理人也是这个广告交换平台的需求方，甚至，连广告网络也同样可能是广告交换平台的需求方。这不难理解，因为广告网络为了丰富自己的"库存"（即广告位），在自己不具备某一类媒体的时候，去广告交换平台上购买一些也是完全有可能的。广告交换平台也为这些需求方提供了统一的界面，让它们能够查看广告位，并且能够根据自己的需要任意选择广告位。

不过，如果仅仅如此，广告交换平台的能量其实非常有限。广告交换平台比广告网络先进的地方在于它的定价机制。在广告网络上，对于供需双方而言，其实都没有对广告位的定价权，其实质是由广告网络这个"中央政府"定价的"计划经济"；而在广告交换平台上，则是真正意义上按照供需关系来运转的"市场经济"。

广告交换平台为每一个商品（即广告位）提供"价高者得"的机制。对于每个广告位，如果同时有多个广告主想买，广告网络会根据自己认为最合理的方式来分配，而在广告交换平台上则是价高者得，可见，定价权转让给了供需双方。

如果说广告网络像一个行业协会，那么广告交换平台则更像是证券市场，广告位就是股票，广告主就是股民。哪些广告位更有价值，就会被更多的广告主追逐，它的价格也就会更高。

Google 的 AdX、Yahoo 的 Right Media、微软的 AdECNNIC 和 OpenX 都是国际上知名的广告交换平台。

随着技术的发展，广告交换平台也变得越来越灵活，功能越来越强。对于广告位的竞价，现在已经完全可以实时进行。实时竞价一般是按照广告被展现在受众面前的次数出价，或是按照广告被点击的次数出价。

如果我和你同时看好一个广告位，我愿意为它每个点击出价 3 美元，而你出价 3.1 美元，那么你就拥有了这个广告位。实时竞价的好处是需求方能够合理分配自己的预算，而且花了钱之后可以立即根据效果的好坏和竞争情况随时调整自己的出价，整个广告的选择和投放变得可控。

虽然功能强大的广告交换平台像一个专业实时的股票交易所，但并不是每一个需求方都是专业的股票经纪人。

广告交换平台和实时竞价看起来十分完美，但是用起来不仅界面烦琐，而且如何出价是一门大学问，更何况还有多个广告交换平台同时存在。更可怕的是，需求方该如何判断一个广告位背后是否有自己需要的目标受众呢？而各个广告交换平台的广告位储量是一个天文数字，需求方又该如何快速准确地找到自己需要的广告位呢？

直接购买目标受众

有问题就必然有解决问题的市场。由此，一个叫作需求方平台（Demand Side Platform，DSP）的事物又应运而生，它看起来就是帮助广告主们玩转广告交换平台的中介。DSP 把主流的广告交换平台系统与自己驳接，然后提供给广告主们一个统一的更加简单的操作界面。不仅如此，DSP 还把广告交换平台中的广告位的展示方式做了一个巨大的改变。在 DSP 中，广告位的概念被淡化，而目标受众的概念则被提了出来。

需求方平台的各个环节

每一个广告位背后都是一部分受众，广告主买广告位，实际上就是看中了这个广告位背后的这群受众。既然广告主目的明确，又无法自己搞定这些受众对应的全部广告位，DSP 的作用便凸显出来。

广告主在操作界面中，只要告诉 DSP 自己需要哪些人群，愿意出多少钱获得这些人群，DSP 就会帮广告主在广告交换平台中进行操作。因此，对于广告主而言，广告购买形式发生了翻天覆地的变化。过去是购买广告位，现在有了广告交换平台和 DSP，变成直接购买目标受众。

于是，DSP 就成了连接广告交换平台和广告主的中介，它们像是一群炒股散户的代理人，帮他们打理资金，利用自己的专业知识选择股票，让散户的获利最大化。有数据称，中国的 DSP 厂商数量已经超过 50 个，很多广告网络也转型做 DSP 生意，例如上文提到的易传媒、好耶，还有其他 DSP 如雨后春笋般涌现，如品友互动、Yoyi、MediaV、晶赞等。

做 DSP 绝对是一个技术活，而且必须具备强大的受众数据和数学能力，帮助广告主实时决策、合理花钱，让广告主的花费用在刀刃上。因此，单靠人力可不行，必须有关于受众的准确的兴趣信息数据，还必须依靠一套强大的算法来进行广告位的竞价，这种方法就是现在炙手可热的"程序化购买"

的方法之一。也就是说，程序化购买依赖于两件重要的事：其一，需要准确、海量的受众数据；其二，要有强大的自动化算法，保证最合理的竞价。

但是有很多DSP其实没有自己的受众数据，或者即使有也不够全面、不够准确。那怎么办呢？又一个市场上的专业提供者出现了，其被称为数据管理平台（Data Management Platform，DMP）。简单地讲，数据管理平台手中握有受众数据，并且能够让DSP驳接到平台，从而利用平台上的所有数据。

所有有细分需求的地方，就立即有细分的供应。

同样的原因，供应方（媒体和广告网络）也有了一个被称为供应方平台（Supply Side Platform，SSP）的产品帮助它们打点与各个广告交换平台的关系，并提供使用体验更一致、更集成的广告位库存管理环境。但事实上，在中国几乎没有真正意义上的SSP，各家媒体实际上直接绕过了SSP跟广告交换平台连接。

DMP如何拥有受众的数据

以上基本上说明了现在互联网广告的产业链。那么，这些和做互联网营销推广的分析与优化有何关系呢？之所以先介绍大图景，是为了描绘这个图景中更加细微的东西。例如，DMP如何拥有受众的数据，即它们如何可以知道某个广告位背后的受众究竟是什么样的人？

简单地讲，DMP为了获取受众的数据，必须至少做以下几件事：其一，它需要为所有的受众做一个标记。在目前的技术条件下，这个标记主要是通过cookie完成。其二，它需要能够实现跨域追踪。

所谓的域是指一个网站的范围，通常一个网站只有一个一级域名，例如baidu.com就是一个一级域名，而music.baidu.com则是二级域名。跨域，就是多个网站，或者多个一级域名。跨域追踪，就是能够追踪同一个用户在多个网站（多个一级域名）上的行为。

　　跨域又分为两类，一种叫跨主域，即跨越多个不同的一级域名；另外一种叫跨子域，即跨越多个不同的二级域名。如果能够追踪同一个用户在 baidu.com、sina.com.cn、chinawebanalytics.cn 上的行为，那么这种追踪就是跨主域的。

　　而如果能够追踪同一个用户在 www.baidu.com、music.baidu.com、map.baidu.com 等同一个一级域名之下的二级域名的行为，那么这种追踪就是跨子域的。

　　跨域追踪又分为广义的跨域追踪和狭义的跨域追踪。广义的跨域追踪，是指一个组织或者一种解决方案能够跨越不同的网站追踪用户的行为。比如，它能够追踪同一个用户在搜狐、新浪及优酷的行为。这些网站显然不属于同一个组织或个人所有。

　　而狭义的跨域追踪，则是指网站的一级域名不同，但是却属于同一个组织或个人。这种情况下的追踪，只要网站所有人同意开放权限，那么执行起来比广义的跨域追踪要容易得多。如此一来，一个人在互联网上的兴趣就能被全面了解。而如果不能实现跨域追踪，只能从一两个网站了解受众，那么判断的依据就会太片面。今天，DMP 可以被称为最复杂的互联网营销信息系统，但也是最有可能颠覆一切的"爆炸物质"。

　　这些看似基础的知识却如此重要，它们都深刻影响着互联网营销分析与优化的技术和方法。

纸巾变身 DM：移动互联网媒体融合实验

从 DM 到二维码纸巾，纸指天下在进行移动互联网媒体融合的实验。

2014 年第 10 届国际动漫节期间，游客打开手机 App "纸指天下"，通过场馆中的 VEM 机（智能纸巾派发终端）共获取免费纸巾 3.12 万包，通过散布在杭城各公共场所的 VEM 机共获取免费纸巾 56.88 万包。每一包纸巾中包含 10 张内容不同、印有二维码的彩色纸巾。游客只需要扫码，就可以获取动漫节主题内容以及相关服务信息。动漫节期间，游客扫码转发分享内容达到 5.08 万次。这意味着数百万张 DM（Direct Mail，快讯商品广告）被用户主动获取，并进一步延伸了传播链条。

被丢弃的广告传单遍布现场，已经成为各个会展活动的常见景象。纸指天下则为动漫节带来了不同的场景：广告传单化身免费纸巾，被用户主动获取、随身携带，并在碎片化的使用时间中与之接触，还能通过二维码衍生出各种可能性。这是二维码纸巾传媒纸指天下的一个应用案例。

自 2013 年 9 月 20 日推出至 2014 年 4 月 30 日，纸指天下已在杭州各公共场所安装 VEM 机 400 台，覆盖 200 万人，App 用户数 30 万人，日投放免费纸巾 2 万包，凭借快速的布局吸引着用户与广告主的兴趣和注意力。

看似乘移动互联网大潮而来，但纸指天下团队已为之筹备了两年。

纸巾的变身

"纸指天下走到今天，是一步步倒推的。"纸指天下模式创始人、杭州雾影美地传媒有限公司董事长张磊说，这一切想法始自 2011 年。

1999 年开始做实业的张磊笃信花钱要花在实处，对以往的广告模式总是心怀疑虑。他在自己创立的进口家居用品品牌浪漫樱花发展至数十亿元销售规模的过程中，除了请代言人外没有投过一个广告。2008 年，张磊开设的绍兴玛雅家庭用品有限公司开始生产彩色纸巾，做出口业务。在这个过程中，他发现了国外市场出现的新趋势：彩色纸巾越来越受到青睐，订单量很大。2011 年，一个来自加拿大的 OEM 订单深深触动了他。一改过去的纯装饰性花样，客户要求在彩色纸巾上印刷商业信息图案，如 GQ 杂志、玛莎拉蒂、伏特加、黑莓手机等，这批瞄准男性用户的纸巾将投放到当地的酒吧中。

纸巾从简单的擦拭功能转变为信息载体的可能性，使张磊萌生了做广告的念头。但是一张 33 厘米 ×33 厘米大小的纸巾能承载的信息量太少，于是张磊考虑将二维码印到纸上。他的团队找到一家生码的企业，却得知生一个码的费用要 0.4 ~ 0.5 元。张磊一查，二维码在国外已是开放技术，于是决定自己来做。为了契合二维码的点阵识别技术和扫码的实际应用，团队在工厂中不断试验纸巾的大小、颜色、品质，最后研发出纸面光滑的纸巾，并开始申请各项专利。

在纸巾有限的平面加上二维码后，信息容积大大增加。用户扫码后可以连接到 WAP 网站、SNS 社区、网上商店等，这使张磊十分兴奋："一扫码，光电声波、图片文字都有，就像哈利·波特的魔法。"

接下来，他开始考虑如何投放纸巾。

从室内到户外

"我不认同二维码是移动互联网唯一入口。"张磊分析，二维码只是图片，要成为入口还和载体有关系。现在二维码已经太多，许多扫码的场景并不符合实际情况，二维码扫码率极低已成业内共识。

考虑到纸巾的使用场景，张磊首先想到的是做酒类广告，投放到餐厅。进一步思考后，张磊发现，这样做纸巾实际到达用户的数量将难以计量，投放也许会使得从餐厅老板到厨师的家里都不用再买纸巾，用户点成本太高。

张磊因此将眼光放到了户外，智能投放终端 VEM 机由此而生。

与自动贩售机大小相近的 VEM 机进驻公共场所，箱体、屏幕成为新的媒介。同时，纸指天下推出 App，注册用户通过 App 即时生码，由 VEM 机识别智能手机 App 端的二维码后派发纸巾。为了控制成本，纸指天下 App 对用户领纸数量和频率加以限制。用户可以通过完成 App 端的任务获取金币奖励，提升领纸额度。这也使得 App 自然地从工具化向游戏化运营方向转变。张磊表示，纸指天下 App 未来会被打造为综合任务分发平台。

为了明确定位，纸指天下巧妙地将自身传播融入用户需求。"出门五件事，伸（身份证）手（手机）只（纸巾）要（钥匙）钱（钱包）""杭州四免费（免费西湖、免费自行车、免费 Wi-Fi、免费纸巾）""让所有人用上免费纸巾"等等宣传语不断强化纸指天下的属性，持续地培育 C 端用户的习惯。

在这个过程中，纸指天下从公益项目起步，广告客户逐渐向政府部门、企业扩展。C 端定位为公益性质，纸指天下的商业模式实质上是面向 B 端的生意。作为用户主动获取、贴身携带的媒介，纸指天下收集了与用户接触的碎片化时间，为广告主构建立体的广告投放渠道。纸巾投放从室内向户外的探索、VEM 机的铺设，为纸指天下的分众化营销打下了基础。

分众精准营销

随着 VEM 机安装数量的增加，相应的布局也在随着用户数据的变化调整。现在，纸指天下 VEM 机已进入机场、火车站、地铁站、景区、学校、写字楼、商超、影院、社区、企业等渠道。考虑到减少人群重复覆盖以及用户群体的区分，纸指天下将在不同渠道投放细分内容的纸巾。如在地铁站、企业等场所的投放内容主要针对白领人群，景区主要针对游客，机场主要针对商务人士，学校针对学生人群。此外，纸指天下还在发展高端社区入户派送、会展活动特色投放等模式。

未来，随着客户的增多，用户还可以在 VEM 机上选择纸巾细分种类，投放也会更加精准。目前，纸巾的增补频率会根据后台对 VEM 机的实时监控来调整。随着精准投放的尝试，纸指天下希望实现在合适的时间、合适的地点，把合适的产品推荐给合适的人。

未来的媒体整合平台

在探索和发展的过程中，纸指天下的模式已经超出了最初的预想。张磊设想，纸指天下以后会是移动互联网时代的媒体整合平台。"为什么叫媒体，而不是传媒？因为内容不是我自己制造的，我只是渠道，纸指天下制定了游戏规则，培育 C 端，让 C 端的黏度提升。"

纸指天下有平面展示、实物到达的环节，具有传统平面媒体的属性，也有注册用户、用户活跃度等移动互联网属性。因此，张磊认为，碎片化、贴身化、去中心化的纸指天下会成为媒体整合平台。而纸指天下的确已经在与杭州本地的传统媒体在广告代理、内容等方面展开合作。

纸指天下项目数据

序号	项目	数据（截至 2014.4.30）
1	App 用户数	30 万
2	VEM 机安装数	400 台
3	覆盖人数	200 万人
4	每日投放纸巾数	2 万包 =2 万人
5	合作企业（政府项目）	杭州上城区司法局、杭州市公安消防局、杭州市旅游委员会、疾控中心、拱墅区妇联、拱墅区政法委、湖州市委外宣办、动漫节等

续表

序号	项目	数据（截至2014.4.30）
6	合作企业（商业项目）	萧山机场、五丰、绿源、西湖之声、兴业银行、杭州通、西博会、美特斯邦威等
7		白马湖场馆派发3.12万包
8	2014第十届动漫节期间数据	其他渠道派发+A1
9		通过移动互联网传播（转发、分享）5.08万次

从宝洁看数字营销发展趋势

当生产关系（组织与运作）阻碍生产力（业务及需求）发展时，生产关系必然要发生变革。宝洁这位"大叔"的伟大之处就在于总能适时自我变革，从而避免被别人革了命。

2014年7月1日，宝洁（P&G）在美国辛辛那提宣布把市场总监改名为品牌总监，市场部也改名为品牌管理部。

消息称，"新的品牌建设工作将由四大领域业务组成：Brand Management（品牌管理）、Consumer and Marketing Knowledge（消费者与市场信息）、Communications（交流公关）以及Design（设计）。品牌总监将在组织层面上拥有更广泛的职责和视野。这么做是为了让品牌在战略、计划、结果上的职责更加明确，通过简化部门结构，提升决策效率，从而为创意和执行预留更多的时间。"

我认为，这个消息宣告了数字营销新的时代来临了，我们可以称之为"全接触点愉悦体验设计"时代。

被绑架的互动营销

当生产关系（组织与运作）阻碍生产力（业务及需求）发展时，生产关系必然要发生变革。宝洁这位"大叔"的伟大之处就在于总能适时自我变革，从而避免被别人革了命。

宝洁中国从 1999 年以舒肤佳品牌的网站建设为标志开始触网，在 2000年左右成立数字营销部门，统一管理和孵化中国区各品牌的数字营销，然后用了近 6 年的时间证明了两件事：第一，数字营销是有用的；第二，品牌官网和网上的推广活动能有效地帮助品牌传播和建设会员数据库。

这 6 年，中国数字营销从"做网站的"发展成为一个"互动营销产业"，也成为品牌营销体系中一个必要的接触点。

从 2007 年开始，宝洁与外部合作进行网络公关：以宝洁官网为核心，设计了 4 个沟通管道加 1 个监测工具的体系，帮助宝洁公司的品牌进行在线声誉建设和保护服务。2008 年，宝洁开始服务品牌互动营销，以新品上市为核心做了大批的在线活动。这样一直到 2011 年左右，宝洁发生了一件大事：数字营销部门撤除，并入营销部，互动营销成为营销人员必须掌握并自主管理的一部分。

而这时互动营销的效果出现瓶颈：常年不变的征文、图片、视频比赛形式已经让网民觉得自己是贪便宜的笨小孩；数字领域一直被顽固地认为是以CCTV 为主战场创作的沟通创意的一个辅助传播渠道；互动活动搞了半天都不会和销量联结，只看流量与参与度。这种"耍流氓"的心态导致了整个产业流量作弊风行。

这三点，让以网站活动为代表的互动营销时代开始没落。

2008年年底，发生了一件不起眼的小事：宝洁成立了电子商务团队。这个团队非常强大：1个品牌副总监+1个品牌经理+1个助理品牌经理，由此拉开宝洁中国区电子商务的序幕。

之后，电商发展进入快车道，生意如此，组织变革也是如此，几乎是一年一大变。

从服务到体验

宝洁开始思考全体验，并有了后来的变革。这其中涉及两件事。

首先，做以人为中心的设计。它的逻辑是这样的：你最好只为一个人设计你的产品和服务，这样你就可以极致地满足他的某项个人需求，由此会带来他极度的喜爱，而他的热爱，会影响他身边的有同样需求的人产生同样的热爱。

其次，体验经济。服务与体验有啥区别呢？"双11"你收货迟了不开心，打电话给客服投诉，客服说"对不起，我给你免运费10元吧"，这是服务。如果包裹里有一封信，里面说"对不起，附上10元现金作为迟到的补偿，希望你能谅解"，这就是体验。

数字营销新趋势

在这个过程中，数字营销将面临如下趋势：

首先，消费者的购物路径发生了变化。之前，品牌在电视上发布一个广告，打动并改变了消费者的意识和购买意愿；300个小时后，消费者走进商场完成购买。这300小时至关重要：宝洁投放了广告，联合利华投了广告，欧莱雅也投了，就看谁能抢占消费者的心智，使消费者从货架里拿起你的而不是别人的那瓶洗发水。"看"和"买"空间上的分离，造就了以单向推送沟通为主的广告产业。

但现在，这个过程被缩短了，消费者从第一眼看见物品到购买只要 3 分钟，3 小时就可到货。快递员帅不帅、包裹的品位怎么样，这些都将影响消费者的体验。

其次，沟通与营销向体验制造转变。很明显，发展 200 多年的单向推送的广告舞台时间，从 300 小时被压缩到 3 分钟，品牌需要管理的影响消费者购买的接触点大幅增加。这些接触点产生的美好体验构筑在一起，才能带给消费者对品牌难以磨灭的印象与热爱。我们必须改变，以打动心智为主的沟通与营销需要向全身心愉悦的体验制造转变。

想想阿芙的"贯穿消费者购物体验中的各种惊喜"，三只松鼠的"9-OFS 顾客极致体验"，小狗电器的"每一款产品都因你而生"。跟这些公司相比，有些时候，有些品牌不是沟通创意不够好，而是因为前者都在做那动人的 3 分钟。

消费者渴望 24 小时都看到充满创意的信息，3 秒就被点燃热情，3 天就有一个惊喜。同时，每一个接触点，它所在的屏幕的媒体特性，消费者在每个接触点上的行为、需求都是不一样的，都需要重新设计交互方式。

大家回忆一下，当你每天晚上睡觉前躺在被窝里，开着苹果或小米闲逛时，什么能让你停下来？脸萌，神经猫，还是"85 后，突变的一代：你若端着，我便无感"？但与此同时，你会一个脸萌玩一个月吗？

最后，在未来，各接触点的愉悦体验由生意模式和生意策略来统领，而不是沟通大创意。

每个接触点都是一个小生态圈，每一次接触都需要精心的创意和设计，并且请保持"从决定做到发布低于 5 小时"的响应速度。这样的节奏势必带来两个变化：一是放权接触点专家来创意和制造出该接触点的愉悦体验；二是放弃伟大的沟通创意统领，改由更高层的生意模式与生意策略创意来指引。

自媒体时代，内容营销如何做

对于企业而言，要去思考如何构建新的服务界面，以及如何真正地用好内容黏住用户眼球。尤其对很多传统企业而言，要深刻理解互联网的精髓，而不是盲目地"跟风"互联网思维。

我们正处于一个工业化思维和互联网思维交锋、激辩的时代，百度推出了"直达号"，将商家与用户的消费路径缩短，激发大量的新用户直接触达商家信息，并转化成消费行为；苹果发布了新的产品，推出了移动支付服务和 Apple Watch。这两个事件带来的商业想象是：未来的互联网价值在于连接人和服务，甚至连接一切。

互联网时代是一个市场高度分化的时代，去中心化、去中介化是其重要的特征。因此，对于企业而言，今天要去思考如何构建新的服务界面，以及如何真正地用好内容黏住用户眼球。尤其对很多传统企业而言，要深刻理解互联网的精髓，而不是盲目地"跟风"互联网思维，去炒作几个事件、弄几个微信账号，而是从品牌对外传播的话语方式、内容开始做起。

传播变革：社交媒体和移动互联网激发新的经济现象

如今，人们通过身边的移动社交媒体就可以随时随地进行信息传播，平均每个网民拥有 3 个以上社会化媒体身份，诸如微博、微信及其他社交网络用户等。过去，信息的传播以媒介为中心，现在的传播则以人为中心。信息的价值在于关系的远近，"朋友圈"不仅是一个工具词语，也是一个传播词语，品牌需要营造的是消费者的信任，而不是海量的信息。

互联网的注意力稀缺，造就了"段子手"的崛起，品牌要学会用吸引人的段子讲品牌故事；社交媒体尤其是微信催生了点赞与推荐经济时代，品牌要学会制造好内容，让消费者推荐内容，从而产生品牌信任感；而人们对于手机的依赖带来的平均每6分钟就要"刷一刷"这种"存在感经济"，也引发了内容创造的巨大商机和土壤。甚至，人们会因为一篇文章引发的内心共鸣，而创造出新的想象力经济。诸如"暖男""无龄感"等引发的话题流行和传播现象，以及冰桶挑战莫名其妙地普及，都说明了在这个注意力时代，内容创造力的巨大价值。

营销进入信任经济时代，品牌不要无力地端着

今天的互联网不一定能成就伟大的品牌，但是，如果操作不当，却可以很快地毁掉一个品牌。互联网社会的透明度的增加，让品牌从信息经济时代迈入信任经济时代。

品牌如果遭受到消费者的吐槽或者负面信息，正确的做法是积极回应，展现更多正面的、准确的事实。同时，企业不要试图站在自己的角度说些高大上的内容，而应该站在消费者角度，用消费者的语境，说消费者想说的话，用好内容营造与消费者更为紧密的关系。很多企业总是习惯于"我们的产品是天底下最好的产品"这样的工业化思维，而忽视了用户的情绪和情趣，正如90后所言："无力的端着感"是很难让用户喜欢的。

用内容找到1000个铁杆粉丝，打造品牌共鸣度

今天，在营销进入"产品即内容、内容即广告"的时代，营销要多站在个性化的消费者角度思考，好产品与优质内容都是活生生的广告，没有内容构建的亲密关系，就没有品牌的鲜活。

内容本身就是价值观的表现，比如有的人喜欢看韩寒的书，有的人喜欢看郭敬明的书，有的人喜欢看高晓松的书，有的人喜欢看王石的书……人以群分，内容可以分出人的族群，这就不难理解为什么豆瓣是一家发展很慢、

用户黏性却很高的公司，因为豆瓣聚集了大量的以内容聚合的用户；知乎等知识社区的崛起，包括90后创办的"节操精选"的流行，也在说明内容社群未来比所谓的吃吃喝喝或者是依靠利益捆绑的粉丝经济更有持续性。

郭敬明的《小时代3》、韩寒的《后会无期》都超过6亿元人民币的票房说明，品牌要用内容赢得铁杆粉丝，商业价值拓展才有支撑。因此，品牌要用价值观建立消费者认同感，用内容社区激励用户参与和互动，1000个铁杆粉丝的社群可以产生百万口碑的价值。

品牌的竞争终极是内容的竞争，内容营销考验品牌定力

品牌创造多少内容，就有多少活跃度，不要忽视每天的社交媒体的内容，也不要指望每天发一条微信就让品牌家喻户晓。坚持做好内容，对于品牌而言，考验的是一种定力，也考验品牌建设的毅力。例如，白酒行业的江小白，每天都创造出图文并茂的、让年轻人读起来朗朗上口的内容，而且坚持不懈，这才是值得很多企业去思考的问题。

很多企业总是希望"短平快"，动不动就希望搞个爆点，殊不知，品牌和消费者的关系是需要长久经营的。品牌内容营销如同出版一份报纸、办一本杂志，不管刮风下雨，都必须保证出刊，否则读者的期待就会落空，用户就会流失。因此，企业做内容营销，要有媒体人的精神，要把内容当媒体来做，而不是把内容当销售来做。

内容营销的五大策略

品牌要做好内容营销，没有成功的捷径，而且需要把握正确的方向。

第一，要有生活方式的主张。无论是做视频还是微博、微信，品牌可以考虑传递一种生活方式，用生活方式来链接产品，而不是用产品来宣扬和标榜生活方式。

第二，要有趣、好玩，有 high 点，内容表达要有意思，要时刻思考如何让消费者放松和自发传播，内容要有情趣。

第三，要有可持续的人格化内容创造。可持续的人格化内容，这点是要坚持的，品牌的内容就是一个人每天说的话，展现的是品牌的个性。

第四，要能够嫁接时事热点。在这一点上，杜蕾斯是很多品牌学习的对象。但是，不要盲目学习杜蕾斯，要考虑产品属性与调性，挖掘热点的多个维度，这是社会心理学的修炼。

第五，要学会创造引领新风尚的新内容。例如"暖男""无龄感"这样的概念，很多人愿意主动去传播。品牌要学会构建自己的主张，要站在消费趋势的角度去引领内容的扩散。

最后，内容营销有方法无捷径，品牌无内容不营销。

第十一章　打造极致用户体验，构建竞争壁垒

用户的购买行为从线下迁移到线上之后，衡量用户体验的标准也随之变化。认为做好与用户直接接触的零售、配送和售后客服就够了的传统服务理念已成为误区。在电商领域，用户体验成为一个更复杂的综合考量，它不仅涉及商品的丰富度、销售价格、送货的及时性、售后服务的优劣，还包括系统和用户界面的简洁度和便捷性以及与用户的互动性和线上线下体验的协同性等等。只有打造极致的用户体验，才能让极致产品和增值服务得到情感认同。

如何打造高用户体验的生鲜价值链

以创造用户的高品质生鲜美食消费体验为核心，才能构建高品质用户体验的价值链。

一直以来，生鲜电商被誉为"电商领域最后一个蓝海"，但行业中同样存在产品标准缺失、冷链物流配送不畅、稳定农产品基地稀缺等问题。

生鲜电商的发展，须以创造用户的高品质生鲜美食消费体验为核心，构建高品质用户体验的价值链，从产品端到服务端进行一体化建设，从会员圈的营造到运营团队的支撑，进行立体式的推进。

创造高品质用户体验

线上线下协同体验。生鲜电商不同于其他餐饮门店、厨师生活服务O2O等，需要注重线上食材供应、浏览体验、套餐选择等，同时需要强化线下服务体验、烹饪指导、社群互动等；生鲜电商相当于兼顾了线上购买、线下服务等多重体验，更强调生鲜美食的多样化体验，强调线上线下的高效协同。

线上线下协同体验要求完成以下两点：(1) 线上食材的"卖点表达"和

线下现场表现要相当，食材应是新鲜的、可食用的，分量、大小、色泽等是相同的，给用户一种信任感；(2) 线上的服务承诺和线下的美食服务表现是相近的，提供厨师烹饪服务的电商品牌对服务内容、服务价值不夸大，真正给用户提供承诺的价值体验。

互动有趣的社群价值群落。社群价值群落极其重要，虽然目前主流生鲜品牌仍然偏重于商品交易和评价，对用户间的美食内容创造、互动等关注度不够。但未来生鲜电商品牌间的竞争不仅是商品食材、美食服务之间的竞争，更是会员社区用户互动、群落建设之间的竞争，是用户社区决定商品交易额的高低，而不是商品的营销推广决定交易额的高低，最终生鲜电商会回到与用户沟通、强化用户参与的社区层面。

社群价值群落建设重点在于：(1) 强化用户互动，提升用户自主烹饪美食的积极性，鼓励其自主选用食材，同时在兴趣小组中高效互动，在美食自媒体中畅所欲言；(2) 强化会员线上线下活动协同，高频次地组织线下同城美食会、特色食材品鉴会等，网络社区中的话题设计、口碑传播等更需要在主题活动、会员活动中下功夫。

选定一个好模式

自主自营为主，适度建设平台。除了类似京东生鲜、天猫喵鲜生、顺丰优选这样背靠大平台的生鲜电商平台之外，更多的新兴生鲜电商品牌宜先以"自营商家"为主，重点打造自有品牌，突出自有特色产品，待有实力后，再邀请第三方生鲜品牌入驻，建设以自主品牌为主的小平台。

自主自营需要注重以下两点：(1) 突出自有品牌，强化自有品牌主题促销活动力度，推进自主特色食材的异业联合促销、组合购买优惠等活动；(2) 前期可适度开放食材购买平台，引入第三方烹饪指导机构、生活服务O2O 机构等，旨在为用户提供以美食为主的多点式服务，丰富用户的美食体验。

构建自主品牌生态圈。以提供"高价值美食享受"的用户体验为核心，构建为用户提供美食、烹饪指导、休闲小食等全方位美食服务的生态圈。以美食业务为基点拓展至关联业务，提供集成式美食服务而非单独的农产品销售，同时引入食材生产基地、美食服务提供商、美食用具制造商等相关利益者，共存共荣、共同发展。

构建自主品牌生态圈需要注重以下两点：(1) 用户共享，各利益相关体的消费者应是相同或相近的美食用户，也就是说圈内商家所面对的用户年龄相当、收入相当、生活习性相当等，所有圈内商家可以共享"用户红利"，共同为用户提供多层次、集合式服务；(2) 服务多样化，所有圈内成员提供的服务各不相同，但同属于社区生活类服务，主体类别应控制在美食、食品、饮料、烹饪、到家服务等范围内，同时为避免恶性竞争，须强化各服务类别品牌的相对独占性，确保各圈内伙伴的利益。

打造一系列极致产品

用户参与菜品创造。生鲜电商的食材选择、美食套餐选择、烹饪服务等应是品牌和用户一起完成的，传统的企业制造、用户消费已经不适应现在的移动互联时代，我们需要用户深度参与生鲜产品创造，依靠用户多次互动创造产品。

用户参与产品创造表现在：(1) 鼓励用户对农业新产品上市时间、菜品组合等提出建议，让用户评选"最佳产品""我最满意的产品"等让用户积极参与产品研发、菜品设计、美食菜谱创造等；(2) 引导用户通过社群定制等方式定制农产品、菜谱等，为 VIP 客户提供农产品定制类服务。

卖情怀而非卖农产品套餐。本来生活是个典型的成功案例，创造了"褚橙"的神话，随后又推出"柳桃""潘苹果"等，亮化人物表现而淡化产品本身，优秀的人物情怀、产品故事获得了消费者的高度认可。

卖情怀的方法有以下三种：(1) 借助行业热点，把农产品的安全、品质等特质与生鲜电商品牌相嫁接，突出生鲜电商品牌的安全、高品质等特色；(2) 和农业名人、企业家明星等合作，研发产品，挖掘其励志故事，提升生鲜电商的品牌知名度，扩大品牌美誉度；(3) 彰显企业历史，从生鲜电商品牌创始人的成长史、企业发展史、产品培育史等挖掘企业特质，表现品牌特色，积极与用户对接，提升品牌影响力。

基于完美终端的多屏互动。目前，生鲜电商品牌基本上在 PC 端、移动端等多个终端并进，这已经成为生鲜电商品牌运作的共识，各个终端程序的联动随之提上日程。随着移动互联时代的到来，消费者对商品描述要求更加精确细致，食材价值表现更加突出，同时对网络社区更加强调食材内容的精致化、会员 DIY 美食的快速创造等，多屏联动变得尤其重要。

多屏联动的主要方法有：(1) 用美食主题统筹多屏互动，积极创造统一的季节美食内容、养生美食内容、食材描述内容等，并注重内容在不同终端的差异化应用，强化移动端的主题促销内容表现，强化 PC 端的社区互动、食材精致表达等；(2) 强化主题促销多屏联动，每季的主题促销须以统一的主题贯穿多个屏幕，多应用终端均有各自表现。

提供一整套增值服务

线下情境终端体验。目前，生鲜电商的资源和能力聚焦在消费者教育、生产基地建设等方面，对线下实体终端建设的关注度不高，但未来的生鲜电商一定是线上线下协同的，而线下情境终端建设是重中之重。

线下情境体验终端建设的主要方法有：(1) 充分彰显美食消费体验，展示食材选择、烹饪演示等多样化体验，同时通过高价值烹饪智能设备等表现出来；(2) 作为线下会员活动的据点，线下终端须实地联系品牌网络会员，开发商圈周边会员，承载网络品牌活动及会员活动，推动线上线下会员间的良性互动。

高参与度的线下烹饪服务。生鲜电商创造的价值在于提供优质的美食，给用户以味觉的享受，提供更好的烹饪服务，从美食创造的角度来看，其和"请厨师到家"等服务有异曲同工之妙；生鲜电商在做好食材供应、烹饪指导的基础上，可以和"请厨师到家"等服务联合起来，给用户创造更好的美食享受。

强化线下烹饪服务的主要方法有：(1) 生鲜电商可以和资深厨师、生活服务O2O平台合作，由生鲜电商品牌提供特色食材，服务方提供烹饪服务等，两者结合，可以进行销售额分成等，也可以推出买高档食材送烹饪服务，从而增强用户黏性；(2) 生鲜电商和生活服务O2O电商品牌强强合作，彼此引流，可以举行联合促销，如买食材送"厨师服务卡"季卡、年卡等，买"厨师服务"免费送食材等。

建立一个高黏性的用户圈层

用极致菜品培育"种子美食用户"。生鲜电商的消费者多数是对美食情有独钟的人，对美食等极为关注和挑剔，因此，要想引发用户持续消费，需要有自己的明星菜品、极致口味、极致配方，须以极致菜品吸引并培育种子用户。

用极致菜品培育"种子美食用户"的方法主要有：(1) 举办"美食DIY活动"，让用户自我创造、自我发掘，评选"用户DIY十佳美食"，从中选取潜在的"极致美食"；(2) 挖掘特色食材，发现特色美食配方，请名厨主导发掘工作，共同打造明星美食，后期邀请VIP用户进行美食内测，自主评选、共同创造。

创造安全、品质、互动等一系列口碑事件，强化用户参与。生鲜用户社群运作最重要的是强化社区互动，深化与用户的沟通交流，以食材选择、美食创造为介质，创造高用户黏性，推动用户的持续购买。为了更好地激发用户参与的积极性，生鲜电商可以创造一系列口碑事件，引发用户互动，同时创造高用户参与度，组建关键意见领袖圈层。

创造口碑事件强化用户参与的主要方法有：(1) 发起"食材安全""美食巧烹饪""季节美食大推荐"等多个话题讨论，回馈用户以积分、购物优惠券等，激发用户参与的积极性；(2) 生鲜电商平台推送"特色食材巡礼""特色人物介绍""特色美食烹饪"等软文，强化微信公众号的食材推荐、美食精选等内容，引发用户互动。

组建"全景化社群"，线上线下联动，打造立体化会员体验。目前，生鲜电商普遍都有自己的微社区，有一定数量的会员粉丝，但线下社区会员还比较少，会员的线下互动也比较少。未来的生鲜电商会更加强调会员的线上线下协同，线上社群做交流、做互动、做传播，线下社群做活动、做联系、做体系，线上线下联动，真正创造生鲜电商的全景化社群，联动而不是孤立，联通而不是绝缘。

组建"全景化社群"的主要方法有：(1) 会员数据互通，线上会员权益线下门店持续享有，会员等级在线上线下互通互联；(2) 会员活动联动，主题活动在线上线下统一举行，会员可线上领取活动码，线下取货或实际体验，也可在线下终端扫描活动二维码，参与线上会员活动。

胡须先生把鲜花包装成生活方式

在国外，鲜花的使用场景与国内有明显差别，人们更习惯于将其插瓶装点房间；而在中国，鲜花被层层叠叠地包装起来或摆在盒子里，在节日里被当作礼品售卖，购买者和使用者是分离的。

位于杭州京杭大运河边上的一栋并不起眼的小白楼，是电商公司胡须先生的展示厅兼办公室，门厅略有些昏暗，外面的光线透过门上镂刻的胡须图案照射进来。再往里走，几个员工疏疏落落地坐在桌子后面；二楼则堆放着各色各样的鲜花，有摄影师在拍摄当季的产品图。看起来，这里似乎并不是一个充满奋斗精神的创业公司。

2013 年年底，廖斌从银泰网 CEO 的岗位上离职。2014 年 4 月，他创立的鲜花电商品牌胡须先生正式上线。不过，跟时下的热点概念相契合，在廖斌的设计中，胡须先生实质上是一个倡导生活方式的品牌，只不过以鲜花作为切入点。他表示，在将来，胡须先生会扩展更多品类，成为一个面向都市白领女性的生活服务平台，追求品质生活也是胡须先生所倡导的理念。

"给花一点时间"

廖斌喜欢将消费分解为两个层面：首先是消费满足，这是零售业的基础形态，就如同现在大多数电商平台所做的一样，不断地拓宽 SKU，不断地引进品牌，用赤裸裸的竞争来争取那些想要买便宜货的消费者；第二个层面则是激发消费需求。在他看来，用鲜花装点家居是许多都市人的潜在需求，而花店和路边小贩的售卖模式无法提供高附加值，互联网恰恰可以满足他们的需求。

胡须先生便是后者的产物。通过这个品牌，廖斌希望能让人们以并不高昂的价格享受到高品质的生活，用廖斌自己的话说，便是"给花一点时间"。

与 Roseonly 和野兽派的高端奢侈路线不同，同样是鲜花电商，胡须先生的落点在生活用花上：单从售价和包装上来看，胡须先生更为平民化，并无动辄上千元的天价玫瑰。这来源于廖斌对生活用花的理解：在国外，鲜花的使用场景与国内有明显差别，人们更习惯于将其插瓶装点房间，买花已经成为日常生活的一部分；而在中国，鲜花被层层叠叠地包装起来或摆在盒子里，在节日里被当作礼品售卖，购买者和使用者是分离的。

观念的错位造就了国内外鲜花定价策略的不同。在廖斌看来，Roseonly以"一生只送一人"的概念销售，即使主打产品是进口玫瑰，其品牌溢价的比例仍然过高。与之相比，胡须先生将鲜花作为用户日常的陪伴而非奢侈品，由此打开另一片市场，走了与其他鲜花电商不同的路径。

用户定位的不同带来了品类打法上一系列策略的差异，从初创至今，每月 99 元到 399 元不等的月度订购套餐一直是胡须先生的主打产品，并衍生出相应的季度、半年度和年度套餐。这样的做法陆续被其他鲜花电商品牌模仿。通过套餐产品，胡须先生为用户提供鲜切花，每月递送 4 次，每一束花的搭配都由专业花艺师设计并反复打磨，用户可以选择周五和周日两个发货时间，以便在家或办公室收到最新鲜的花，随花附赠的则是一小包"可利鲜"保鲜剂和使用说明。

事实上，胡须先生正在以"成本价"打开市场。从初创至 2015 年年初，以 99 元的月度套餐为例，每束花的费用仅需 25 元，除去花材的成本、仓储物流成本和包装成本，按廖斌的说法，其余的网站运营成本完全是由他自己掏钱。通过将实惠还给用户的做法，胡须先生获得了不错的口碑。

目前，胡须先生平均每天能接到 50 个左右的订单。对这样的状态，廖斌显得很淡定，他认为同行对产品形态的复制恰恰是一种肯定，虽然要面对包括爱尚、Roseonly 等率先入场的鲜花电商品牌，但在生活用花的细分市场中，胡须先生似乎还没有直接的竞争对手。

电商方式卖鲜花

廖斌的底气源于他对鲜花供应链的了解。为了从源头控制供应链，廖斌跑遍了国内大大小小的花卉种植基地。他说，现在小的社区花店都是从批发市场拿货，不管品质优劣，只要价格低就好，然后再包装一下卖给消费者，最后再被转手送人。而胡须先生希望以电子商务的做法去打破这种销售模式。廖斌很清楚，对主打鲜切花的胡须先生来说，最重要的就是品质和随之带来的产品附加值。

在和花农打交道的过程中，职业经理人出身的廖斌开始接受各种关于鲜花的基础知识培训。如今的他熟谙不同鲜花的特性，在他看来，鲜花本质上是农产品，其品质根据不同的季节、地域和种植方法有所区分，再加上复杂的品种特性，胡须先生无法从单一供应商那里采购到全部的货品，这对一个不具备太多经验的初创品牌而言算是个不小的挑战。

廖斌并未在这个问题上犯怵，他说，胡须先生对于品质的管控说起来可以很简单，就是采购同品类当中最优质的产品，价格并非它主要考量的因素。胡须先生目前合作的供应商包括荷兰安祖、西露丝这样的知名品牌，在昆明也有自己的鲜花种植基地，这为它的产品品质提供了背书。

廖斌说，当鲜花从花田里被采摘下来后，需要经过半小时的预冷，然后再消毒、分拣、包装，接着在冷库中冷藏12小时。经过如此处理的鲜花将会进入休眠状态，之后全程冷链运输，保证它们到用户手上后才恢复盛开状态，在适当的养护下能开放更长时间。他分析说，如果是小型社区花店，受制于商业模式的缺陷，没有任何一家能做到对供应链的完全控制，也就很难保证用户后续的体验，如果用户买回去的鲜花没有经过这些预处理，便会更快地凋谢，产品体验与胡须先生不可同日而语。

　　这给胡须先生带来了另一重物流的考验。比起其他生鲜商品，鲜花配送的难度更大，运输过程中更容易造成损耗。2014 年 5 月，胡须先生推出了沿用至今的"一撕得"包装，在充分保护鲜花的前提下，用户不必动用剪刀便可拆开包装。胡须先生还与顺丰合作，实现了一、二线城市的次晨达。不过，由于仓库设在杭州，尚无法覆盖偏远的三、四线城市。下一步，胡须先生或将在上海建仓，并根据不同地区的市场需求，先建立良好的服务体系，再建设新的仓库。

　　某种程度上，胡须先生对品质的追求到了苛刻的程度。廖斌举例说，2014 年 8 月，由于天气炎热，整个公司面临空前的物流压力，即使采取保温包装，鲜花在路上的损耗也还是很严重。此时，他反而开始给员工放假，并不再接受"次晨达"以外地区的订单，就算生意上门，客服也会劝说用户延期购买。这背后的逻辑仍是出于胡须先生对品质的坚持：如果无法保证万无一失，那么宁愿放弃一批订单，也不能让品质下降。

　　尽管廖斌并未透露胡须先生目前的用户量，但他对今后的发展很有信心。他表示，在积累经验的基础上，胡须先生能充分了解用户的喜好，为用户设计生活。从花出发，胡须先生的生意可以扩展到食品、出行、室内装饰等生活的多个方面。

　　进入 2015 年，大的电商平台都在遭遇流量下滑的窘境。廖斌对此早有估计，他解释说，在电商发展初期，享受的是既有的互联网用户红利，流量会大量涌入电商平台。而现在，电商用户和互联网用户量基本趋同，不会再有大的起伏，更不可能做到用户倍增，这正是电商转型的一个关键节点，用户更多地用移动端下单，还需要在不同的品类都得到消费满足。

　　目前，胡须先生主要的订单量来自微信，淘宝、天猫店也分走了一定的流量。廖斌说，胡须先生将在 2015 年开始拓展市场，并坚持在各个电商平台开店的泛渠道策略，将每个渠道都视作机会。

如何构建在线旅游的竞争壁垒

编者按： 在线旅游市场格局正在不断变化，10年前，携程、艺龙两分天下，近年来却被去哪儿网打破。由此，以酒店预订起家的去哪儿，开始与以机票为聚客入口的携程分割旅游市场的蛋糕。显而易见，巨头们已经占据了标准化程度较高的旅行产品市场。

但是，随着自助游用户的增加，他们需要更多个性化体验的解决方案，而这些巨头未触及的细分领域便给创业者们带来了机遇。面包旅行创始人彭韬、微驴儿联合创始人盛迪、米胖网创始人郑高照，他们在巨头林立的在线旅游市场如何构建自己的竞争壁垒？

天下网商： 对于在线旅游的市场环境，你最担忧的是什么？

盛迪： 之前传出携程收购艺龙、去哪儿，这是我们最担心的。如果市场上是一家独大，创业机会就会变小，巨头之间的竞争能够让他们无暇顾及小创业者，这样，在旅游的垂直领域我们才会更有机会。

郑高照： 我赞同盛迪的意见。目前，除了米胖的海岛游之外，我们还在做一个信息平台——旅行FM，聚合各大旅游网站和旅行社的特价旅游信息。如果巨头之间没有竞争，也就不存在旅行 FM 的特价信息了。

彭韬： 美国有反垄断法，但是中国没有。创业者需要更加努力，在夹缝中倔强成长。现在看来这个行业不能说处于战国时期，只能说处于三国时期，三国是指携程、去哪儿和其他的创业者们。

天下网商： 在线旅游的巨头已经阻碍行业中创业者的发展了吗？

郑高照： 目前的情况都只是出于假设考虑的。旅游作为一个长产业链行业，涵盖的要素非常多，涉及面很广，从广义上来说，美团网、大众点评网这些都是携程、去哪儿的竞争者。因此，现在这个市场还未到我们需要特别担忧的程度。

但是一旦巨头刻意去控制旅游的上游资源，比如去做景区、酒店甚至航空公司，形成上下游一体的产业链，创业者们将会变得更艰难。除了携程和去哪儿这样的旅游巨头，BAT 的 O2O 势力也在迅速扩张。

盛迪：我并不把淘宝旅行（现更名为"去啊"）看作是威胁，淘宝毕竟在零售电商领域深耕多年，旅游类目虽一直在努力，但根基太浅，需要较长时间积累。对于上游资源，巨头们一定会涉及，但是旅游行业链条太长，每个环节都做精细很难。

天下网商：旅游是个慢而长的生意链条，把每个环节走通都需要一段时间。你们如何在各自的细分领域构建核心竞争力？

彭韬：面包旅行深耕目的地产品，一直将重点放在移动端。我们将所有资源用来努力打造移动端的同时，收集移动端的数据反馈给客户端，帮助用户做决策，这也是我们一直以来的重点。未来，消费者会更多地从 PC 迁移到移动端，这是毋庸置疑的，攻略社区的 PC 端可能会成为包袱。

除此之外，面包旅行上线了"玩遍泰国"的行程助手，目的在于将攻略进一步结构化和产品化。在"游记—计划模板—定制行程—预订"这样一个流程当中，行程助手将整个交易打通，面包旅行将所有泰国目的地产品都接入，实现产品价格比其他平台低的同时，利用积累的结构化数据帮助用户做消费决策。

同时，为了增加用户黏性，面包旅行推出了为铁杆粉丝定制的高端极致旅行产品。"探秘天空之城——南美最美徒步"就是其中一个代表，为在帝都很少见到蓝天的用户们开启了鲁迅"精神胜利法"模式，铁杆粉丝可以用贡献优质游记获得的积分抵现金使用。

极致旅程主要的目的还是增强品牌知名度以及用户的黏性，我们的核心资产是用户贡献的优质内容。

郑高照：旅行 FM 以性价比作为切入点，价格是硬碰硬的，只要你的产品质优价廉，用户就会肯定你。米胖网的海岛游资源一直都是自采自卖，其中性价比较高的资源成为旅游 FM 首批特价信息。而凭借一己之力去做到全网最低价格或者贴钱做特价是不现实的，于是旅游 FM 选择做特价聚合平台，把网上、线下所有的低价优质产品都采集到平台上来，我们是类似"什么值得买"的旅游版。

在把控产品质量方面，旅游 FM 将米胖网的线下审核和产品描述机制平移过来，其旅行产品编辑也有着较丰富的行业经验，前期通过人工审核来控制产品质量，而后期用户的行为会成为去芜存菁的重要依据。

盛迪：线路拼接是微驴儿的核心优势。除此之外，微驴儿正在尝试将各网站的旅游产品接入到其线路拼接当中，机票、酒店、签证、保险等会先接入，后期机票＋酒店、自助游、跟团、目的地产品也会逐步涉及。

路线产品接入已经开始陆续做了，单项产品将在 3 个月左右接好，同时我们会把拼接线路扩展到 1000 个以上目的地，再陆续接入单项产品，这个过程将会持续半年，流程顺利之后，其他的综合性产品也会接入。

用具体的例子说明这个流程就是，当一个用户搜索普吉，微驴儿会给出这样的线路：普吉＋金边，在这个线路中，就会有连接这两个目的地的各个航空公司组合价格，点击预订就可以跳转预订机票。同时，在预订页面也会推荐普吉、金边的相应酒店，因为已经确认飞行日期和路线，所以推荐的酒店也会配合当天落地需要入住的时间，签证信息也会在同一时间呈现出来。

因此，微驴儿的核心是线路拼接，在线路下一个层级是各种旅行产品推荐。但是所有的产品都要跟 OTA（在线旅行社）进行对接。

天下网商：无论是微驴儿还是面包旅行，都与 OTA 进行着或多或少的合作，这当中的平衡点如何把握？

彭韬：旅行是个性化很强的行业，我们的优势就是海量高质量的 UGC 内容、行程计划工具和忠实的粉丝用户。与巨头合作竞争的同时，保持自己的特点，形成差异化就好。

盛迪： 我把微驴儿定义为工具属性，工具足够好，微驴儿只要可以解决用户不知道该去哪儿玩的问题，对用户有价值，就可以获得发展。

莆田鞋重新发掘核心竞争力

在一场与假货你死我活的战争之后，阿里巴巴与莆田联手打造了一个"互联网＋"助力代加工企业转型的"中国质造"样本。

2015 年 4 月 20 日晚上 10 点的福建省莆田市，城市在夜幕中逐渐安静，而此时的安福市场才刚刚"苏醒"。

即使是一场突如其来的小雨也阻挡不住这里的喧嚣：身披雨衣的摩托车、三轮车司机从四面八方涌来，在停满了各种汽车的市场内小心穿梭；白天大门紧闭的店铺此时亮起了灯；快递人员忙碌地穿梭在各个店铺间；而紧挨着市场大门的一家两层楼的奶茶店，此时已满座。

白天一片死寂的安福市场，在夜间活了过来。这番"逆时差"的繁华景象，曾出现在诸多媒体的版面上，被解读为独一无二的"莆田现象"。

置身其中时，阿里巴巴集团行业市场事业部小二洪沁（花名曦岚）忍不住感叹："太壮观了！"和洪沁一起的，还有 6 位来自同一事业部的小伙伴。

这支由 4 女 3 男组成的阿里巴巴小分队，已经在安福市场内的一栋写字楼里悄悄奋战了 20 余天。他们背负着一项"秘密任务"：寻找莆田的好鞋以及优质鞋企，帮助其以"中国质造·莆田好鞋"的身份在淘宝和聚划算平台上线。

这场活动由阿里巴巴行业市场事业部发起，而其背后的掌舵者则是 2015 年 3 月份上任的阿里巴巴中国零售事业群总裁张建锋（花名行癫）。他曾表示：要与假冒侵权进行一场你死我活的战斗。

看似简单的线上活动，实则是企业、政府和平台之间共谋的以打击假货、推动自主品牌快速成长为目的的大型实验。而莆田，则是这场社会共治实验中的一个样本。

"豪门联姻"的背后

2015 年 4 月 21 日上午 10 点整，17 个莆田自主品牌的近百款运动鞋首次以"中国质造·莆田好鞋"的身份亮相阿里巴巴集团旗下的聚划算平台。如果消费者对产品质量有任何不满意，阿里巴巴旗下各零售平台将联动卖家对买家实行先行赔付。短短三四天时间内，就有超过 16 万双莆田鞋售出。这是继 2015 年 3 月底，该市市长翁玉耀为莆田好鞋代言后，当地鞋企在阿里巴巴平台的又一次大规模试水。

莆田是阿里巴巴"中国质造"项目的第一站。接下来，阿里巴巴还会与更多有代表性的产业带合作，与地方政府、产业协会一起为当地比较好的品牌和卖家"背书"，利用"互联网＋"助力代加工企业转型升级。

莆田有制造好鞋的能力，而阿里巴巴有强大的线上消费品渠道能力。这种优势互补，对正在犯"转型病"的当地鞋企来讲，是一次绝地重生的好机会。

玩觅董事长郭景的电话很快被打爆了，这个成立仅一年、在莆田默默无闻的企业一下子成为鞋企圈的焦点。"有 N 通电话要求做玩觅的分销商，还有朋友带着童鞋样品直接杀到办公室，说看看能否成为玩觅的童鞋系列。"玩觅在淘宝的品牌搜索热度从原本的第 300 名跃居到如今的第 4 名，仅次于阿迪达斯、耐克、新百伦这 3 个国际品牌。而其线上线下的分销商则从 100 多家剧增到 800 多家。

"这次活动对我们的网络分销也带来了很大的促进作用，确实有点意外。"同时本土品牌的思威琪总经理宋斌说。

在莆田，鞋厂繁盛的历史已经有 20 余年。早在 20 世纪 80 年代，莆田鞋企就开始为耐克、阿迪达斯、彪马等世界知名运动鞋品牌做代加工，包括玩觅、思威琪、沃特等自主品牌都是在此期间完成资本的原始积累，并积淀了庞大的产业链集群优势。数据显示，莆田当地有独立成品生产能力的工厂在 3000 家左右，运动鞋年产能最高可达 20 亿双。

但近年来，随着原材料涨价、劳动力成本不断攀升，阿迪达斯、耐克、Clarks、K-Swiss 等品牌纷纷在越南、印尼增设生产线，已在莆田"行走"20 多年的制鞋产业开始出现疲态，最高时闲置产能超过 12 亿双。

当刘易斯拐点逐渐来临，粗放型经济必然难以为继，转型只是个时间问题。然而，焦虑的莆田鞋业却发现，原先庞大的生产能力如湍流般，需要一个释放的出口。

不同的企业选择了不同的出路。2000—2010 年，莆田鞋企进入漫长的"自救"阶段。在此期间，诞生了两条泾渭分明的"自救"之路：以沃特、思威琪、双驰为代表的一些鞋企，试图通过自建品牌转外贸为内销；而一些家庭作坊、小型代加工厂，则选择游走在制假、高仿的灰色地带。

统计数据显示，从无到有，莆田鞋企共有 500 多个自主品牌落地。但与此同时，制假、售假已经以产业链形式蔓延在莆田地区。在淘宝网上，"莆田"和"高仿""假货"（莆田当地称为"阿冒"）等字眼紧密联系在一起。据不完全统计，仅 2014 年，淘宝查封的莆田卖家账号就超过 12 万个，其中屡犯售假卖家达到 3.2 万个。"假鞋之都"的恶名也随之而来。

相比做自主品牌，制假、售假虽然风险高，但收益也高，而这股"歪风"的盛行也开始影响本地企业的发展。"如果两三百元就能买到一双'国际大牌'，消费者就不愿意选择我们的产品。另外，他们的订单量往往更集中，开的工资也更高。尤其是在旺季，会造成我们工厂的人员流动。"一位当地企业主说，假货、仿货所瞄准的消费者也是他们的目标消费群体，即"那些觉得一线品牌价格太高的中端消费者"。

一方面要帮助自主品牌站起来、"走出去"，但又缺少强大的渠道；另一方面，制假、售假之风如野草般"春风吹又生"，无法根除，这一对现实矛盾令当地政府陷入困惑。这种困惑也同样存在于阿里巴巴平台：莆田鞋企确实具有媲美世界一流品牌的高标准制鞋工艺，能为线上消费者提供高品质、高标准的好产品。但假货横行，尽管打假力度不断加强，但尚未找到一种有效的途径能将其"一举歼灭"。

堵不如疏，只有给过剩的产能寻找到释放的出口，莆田的鞋业才有可能完成真正意义上的转型升级。

阿里小二开始进驻莆田，市长翁玉耀的代言以及此后的"中国质造·莆田好鞋"活动，都肇因于"堵不如疏"的共识之下。

依托互联网帮助自主品牌进行转型升级，突破以往的品牌打造及销售路数，引导更多的企业实现"地下到地上、线下转线上、自主品牌转知名品牌"，促进制造业与电商的真正融合，是此次阿里巴巴携手莆田的初衷。政府和行业协会在此过程中表现出了巨大的决心。"谁都知道，售卖假货是违法和没有前途的。而借助淘宝平台走自有品牌道路，从长远来看应该是更为健康的可持续发展道路。当我们把这个想法和当地政府、地方协会交流之后得到了积极响应，希望共同努力推动当地经济发展找到新模式。"淘宝网副总裁张勤（花名杨过）说。

"这次活动中谁掉链子，谁破坏莆田形象，以后协会聚会一律不带上他。"在"莆田好鞋群"中，思威琪总经理宋斌这样喊话。这位1987年出生的小伙子，大学毕业进入家族企业后就一直在尝试推动企业转型。

无比精明的莆田人都知道，要扯掉"廉价制造"的标签，在这块已经被互联网推平的战场上迸发新的生命力，这是一次不能再错过的机会。

赶不上的"晋江时代"

"我们已经错过了一次机会。"不止一位企业主表达了对错失良机的懊恼。而他们口中的机会，是指晋江当年的发展机遇。

同样以代加工起家的晋江，看似与莆田有相似的基因，但它在 20 世纪 90 年代就开始尝试 OEM 向品牌化的转型，诞生了安踏、特步、361°等国内知名运动品牌。而与之相比，莆田鞋企注册数量达 2000 多家，规模以上企业 250 家，拥有自主品牌 500 个，但真正知名的寥寥无几。

扎根于同一个商业时代，却走向两条不尽相同的商业道路，莆田人将其归咎为意识形态上的落伍。

"那时，我们外单业务量大，利润可观，而做自主品牌难度大，成本高。"沃特是莆田当地一家老牌的制鞋企业。从生产鞋带等配件、帮助国际大牌做代加工到创建自主品牌，沃特董事长蔡金辉在这个领域摸爬滚打了 20 余年。回顾过去，他认为，太好的生存环境是莆田人错失"造牌"机遇的主要原因。

哈佛商学院教授克莱顿·克里斯坦森在其代表作《创新者的窘境》一书中致力于探讨管理良好的企业最终失败的原因。他认为，管理良好的企业善于发展延续性技术，并总是试图从消费者角度去做出修补和改善，却在具有破坏性的创新面前首鼠两端。

显然，这个结论同样适用于莆田。处境的优渥让莆田一度在机会面前首鼠两端。

"10 年前，其他地方代工一双鞋子的平均利润是 2.8 美元，而莆田则高达 4 美元，因为我们的制鞋工艺更强。"蔡金辉表示，外贸订单增长最快的时候，沃特企业的工人达到 3000 人的规模。

所以，当制造能力不及莆田的晋江开始从外单代工转向国内市场做品牌，通过签约代言人、砸广告、大规模开设实体店的方式进行"造牌运动"的时候，莆田的鞋企还沉浸在低成本、高利润的代工模式的兴奋之中。当中央电视台体育频道等媒体充斥着特步的品牌广告的时候，莆田鞋企依旧做着淡定的"看客"。

历史不止一次证明：观念优先比资源优先更重要。原本更具生产能力的莆田鞋企在这一轮机遇中选择了弃权。

随着生产成本上升以及外贸订单下滑，莆田鞋企的前行阻力越来越大，过去被高速发展掩盖的品牌缺失的"伤疤"逐渐凸显。

"订单荒"，一位业内人士这样形容当时莆田鞋企的状况。

一直忙于奔跑的莆田企业主们，开始停下脚步反思。第一次自救的结论是：复制晋江的品牌模式，再在开线下店。随后，一股"造牌"之风在这个福建中部小城兴起。

"2000年前，我们从篮球鞋切入，在全国找了二十几个代理商铺市场。由于制鞋工艺专业，市场反响很好，于是开始大量发展专卖店。"蔡金辉说。2006年，沃特线下专卖店达到最高峰，数量高达1800家。

于2009年注册的品牌思威琪，也在2011—2013年间，将全国实体店发展到1100家。

受晋江模式的鼓舞，已经完成原始资本积累的莆田鞋企，在造牌的路上一掷千金，投资多则上亿元，少则千万元。

"实体店投入非常高。每家加盟店的投入约30万～50万元不等，而直营店的投入成本更高，需要100万元。当时，加盟莆田当地门店的费用都要10万元左右。"为了打响"沃特"这个品牌，蔡金辉砸了近10亿元。而思威琪也在短短几年时间里投入了2亿元。

只是，成功的商业模式必须扎根于它适合生存的那个年代。21世纪的头几年，国内工农业品一度双重过剩，宏观经济上的内需不振成为莆田转型的拦路虎。莆田鞋企这场轰轰烈烈的"造牌运动"最终在不断亏损中落幕。

"2012 年至今，是我创业最艰难的时期。"蔡金辉说。

蔡金辉认为，近年来，运动品牌的竞争越来越激烈，商品严重供大于求，生产厂家和品牌商家都有大量的库存积压。同时，实体店的运营成本翻倍增长，再加上大额的经销商欠款，企业资金链出现了问题。"2 个亿的库存，2 个亿的经销商欠款，已经威胁到企业的发展。"

莆田鞋企不得不紧急止损，进行二次转型：收缩线下，转战线上。据悉，2014 年，沃特线下门店已经减至 900 家，思威琪也逐步关掉了一批亏损门店。

尤其值得一提的是，这些试图打造自主品牌的莆田鞋企，没有更早地接触互联网、接触电子商务。思威琪的宋宗虎、宋斌父子曾经对淘宝网的周南感慨，他们不后悔做品牌这条路，但后悔当初在实体店这件事情上投入太多。

虽已赶不上"晋江时代"，但莆田开始积极拥抱互联网，通过互联网接触更多的消费者。电子商务的崛起在传统制造业引爆了一场渠道变革和消费者变革。

"莆田式"加减法

莆田市经济和信息化工作委员会副主任吴海端说："阿里（巴巴）的中国质造项目负责人曾向我们提出这么一个问题：莆田确实有好鞋，但怎么让消费者信任？即便是像明星代言这样的方式，大家也难免觉得有水分。"

找谁为莆田好鞋代言，着实是件让吴海端纠结的事情：请明星代言？公信力好像不够；找工商、质监执法部门代言？怕被骂既当裁判员又当运动员；请分管副市长蒋志雄代言？似乎也不是特别妥当；请市长翁玉耀代言？又担心给领导的压力太大。

不过，这种担心被证明是多余的。经过多方斡旋，2015 年 3 月 29 日，在淘宝网"中国质造·莆田好鞋"首次试水活动页面上，莆田市市长翁玉耀亲自为首批上线的 4 个莆田品牌代言。

"政府代言、阿里搭台、企业唱戏"的"莆田模式"吸引了眼球无数。"希望我们慈溪的市长也能为慈溪的家电代言。"慈溪市电子商务协会会长余雪辉在微信上如是说。

令人艳羡的"莆田模式"能否让莆田企业在新一轮的"造牌运动"中加速度奔跑？

阿里巴巴中国零售事业群总裁张建锋表示，互联网有巨大的流量，可以让商品接触上亿名消费者。而互联网的长尾效应，还可以为个性化商品规模化制造提供可能性，这些对莆田都非常重要。不过，阿里巴巴仅仅只是一个销售渠道，他希望能真正将互联网的用户优势和莆田的创新优势完美结合，成为中国制造业"互联网＋"的完美典范。

"活动只是一次引爆，最终还是要依靠常态销售。常态销售额一定会是活动销售额的几倍，甚至几十倍。因此，做好常态销售是比做好一个活动更重要的事情。"张建锋说。

舞台已经搭好，接下去的戏还得由企业来唱。

究竟是"互联网＋"还是"＋互联网"，是决定企业转型是否成功的关键。"互联网＋"一定不是"＋流量"这么简单，也不是"＋既得利益"，而是对原有供应链结构进行重构和升级。

不忍割舍是转型的最大桎梏。莆田企业开始在自己的身上做"加减法"。

线上做加法，线下做减法。

经历实体店亏损之后，沃特、思威琪等品牌开始关闭亏损的实体门店。"不过，实体店也有存在的必要。"蔡金辉表示，将实体店改成体验店，打通线上线下用户体系，在用户体验上做加法，是不少莆田鞋企在尝试的一种改变。

在线上，"中国质造·莆田好鞋"活动的顺利开展，很大程度上提升了自主品牌的信心。原本只是用于销库存的电商渠道被提到重要的战略地位，各鞋企纷纷开始加强线上团队的运营能力。

产品设计、制造工艺要做加法，供应链时速则要做减法。

几十年沉淀下来的设计能力、制造工艺是莆田鞋企的核心竞争力。例如，思威琪表示，相比国际规定鞋底必须高于2万次弯折的标准，其硫化鞋鞋底能做到弯折10万次；而洛驰则称，其户外鞋鞋底橡胶含量高达85%以上，而国际对户外鞋的要求是40%。

"这些技术、工艺都需要保持并且更加专注。不过，在供应链反应上，我们需要减少中间环节，提高效率。"宋斌表示，按照以往的生产周期，一双鞋子从采购材料到出成品，需要30天时间。但在这次活动中，莆田鞋企缩短采购时间，效率提升了1倍多，生产5万双鞋子只用了12天时间。

用户触达通道做加法，广告投入预算做减法，包括将实体店改成体验店，莆田鞋企开始在用户触达通道上发力。从外贸代加工转型做自主品牌，传统企业最缺的就是连接用户的能力。

"以前我们直面的是代理商，他们最关心的问题是产品有没有利润，但现在面对的是消费者，他们最关心的是产品的质量、功能。"一位在双驰工作多年的管理人员表示，传统产业靠低价、山寨已经无法满足主流消费者的需求。

"这一代年轻消费群体，他们的需求已经从品牌、价格向产品的设计、性能转变。广告效应正在变弱。"曾经花上百万元请明星代言的蔡金辉深有体会。

事实上，传统制造业主必须先从主观意识上做调整。看似简单的"加减法则"，对于长期追求发展"守恒定律"的传统企业来说，都会牵一发而"痛"全身。

"互联网＋"不一定会让企业规模变得越来越大，但一定会让其变得越来越美。因为，互联网时代任何一个细分市场都能创造"一针捅破天"的奇迹。

热闹依旧的安福市场

安福市场还是按照它的"美国时差"在这个城市继续高调地彰显它的魅力。尤其是对一大批年轻人甚至是当地学生来讲，这里是他们创造财富最好的地方。

在市场大门边的一家两层楼奶茶店，晚上10点刚过，这里就几乎满座。三三两两的年轻人相约在这里，其中不少人都对着手机埋头填写快递单。

"他们是白天在网上销售，晚上来这里拿货、发货的。很多都是学生，不用备货，没有库存压力，还能赚点零花钱。"一位在安福市场内的快递人员说。而此时，不少店铺的LED屏幕也陆续亮起来，上面滚动的是找网络分销、代理、提供淘宝培训等与电商有关的信息。

安福市场，是莆田电商的起源地，也是全国最大的网购市场之一。

最早发现鞋业电商巨大商机的是莆田的学生。20世纪90年代，是莆田给世界著名鞋类品牌代工发展异常迅猛的中国制造时期。当时不少外国人来拿货，学生街比较热闹。有学生跟老外们一交谈，就看到很大的商机——世界知名品牌鞋基本都是莆田制造，如果偷偷从厂里拿鞋，不仅好卖，而且相对于市场售价来源，成本非常低。当时美元对人民币汇率将近1比10，钱好赚，电商就自然蓬勃发展起来，以至于当时学生街的店面一铺难求。

随之，当地逐渐形成全国最大的网购市场之一——安福家园市场。2008年，安福家园市场更名为安福电商城。但当时的无序发展，让安福市场成为鞋业假货、仿货的代名词。不仅引来了美国政府对中国假货的抗议，安福市场也成为国务院严厉打假的对象。时任市长也急得向当地区长放狠话："如果国务院没有验收过，你没做好我就把你端掉。"在淘宝，莆田IP的店铺也受到高度关注。一经查实售假，立即断链接、封店。

不过，随着打假力度的增加，淘宝平台上商家的结构正悄悄地发生变化：

制假售假的商家变得越来越隐蔽、越来越低调，数量也越来越少；很多自主品牌开始在上面开设旗舰店招募网络分销，更多的电商从业者开始"洗白"。

"制假售假的成本越来越高，生命周期也越来越短。当自主品牌起来之后，原先制假售假的商家也更愿意和我们合作。"宋斌表示，自主品牌在线上的崛起能给电商从业者提供"转行"的机会。

"莆田有300万人口，其中有近30万的电商大军，如果他们都加入到打造自主品牌的队伍中来，我们会走得更快。"蔡金辉满是期待。

"聚划算"上的大促，只是一个开始。莆田鞋企在打造和做大品牌的过程中，还会遇到推广、设计等多方面的问题。阿里巴巴表示会在人才培训等方面提供支持。但未来的安福市场和莆田鞋业如何演变，更多的要依靠莆田鞋企自身。

在淘宝网副总裁张勤看来，"中国质造"要解决的绝不仅仅是假货问题。"早期的淘品牌可以被称为1.0版本，通过低价满足了互联网人口红利下的原始需求。而未来互联网会培育出新一代2.0版本的自有品牌，它们通过与供应链的对接，结合成熟的网络营销，可以更好地满足中国消费者对高性价比商品的新需求。"

第十二章　塑造全新的扩张模式

电商垂直深耕固然重要，但如果只守着自己的"一亩三分地"，迟早也会面临"断粮"的危机。所以一些电商经营者已经开始在已有的基础上从管理、品牌、渠道等方面尝试扩张。华为的"以奋斗者为本"充分说明了企业中人的重要性，而企业激发人的根本方法就是管理。因此，在移动互联网时代如何让管理模式跟上技术发展成为企业的必修课。此外，企业发展过程中自身品牌的确立和渠道的建立、健全都是未来企业扩张必不可少的要素，一些有远见的电商也已经开始改变。

科技发展颠覆传统管理模式

在过去 250 年里，管理实际上一直是被科技的进步所推动的。

很长一段时间以来，我们一直在讨论科技与管理的关系，到底是技术的发展、变化推动了管理的变迁，还是管理的变化推动了科技的发展？两派为此争论不休，但至今仍未争出胜负。

让我们回溯一下历史：1864 年，一项改变人类历史的重要发明诞生了，它就是珍妮纺纱机。从这一天开始，商业科技开始用一种完全不同于近代与古代的速度发展，到今天已经有 250 年的历史，而反观现代经典管理理论的诞生，距今只有 110 年左右。

我认为，正是当整个社会的大生产进入到一个效率飞速提升的阶段以后，人们为了继续维持和提升效率，才出现了科学管理这门学科。因此，在过去的 250 年里，管理实际上一直是被科技的进步所推动着的。

在过去的 7 年时间里，整个科技领域出现了一系列新的概念，诸如企业 2.0、大数据、云计算等。与此同时，在管理的流派、方法论当中，也出现了一系列席卷全球的新风格和新风向。例如谷歌，它所倡导的 OKR 管理（目标与关键行动）就是在管理领域的企业级创新；再比如 Netflix，它倡导的是"成年人"的管理文化，同样是一项了不起的管理创新。反观国内，小米超级扁平化的组织形式，同样是顺应自身发展而诞生的。

管理理论的革新

在这样的情况下，或许我们应该自问一下，这些管理方式和前面 110 年的管理理论到底有什么区别？它们是否脱离了旧有的框架，成为一种颠覆式的创新？

我想从几个方面来进行总结：

首先是绩效评估方式。

这一系列管理实践中的新方法跟过去到底有什么不同？在常规管理中，绩效评估方法，也就是基于对未来结果的预测，企业通常在上一年度就把下一年度的绩效导向和目标设计得比较精确了。

但这个过程中会遇到很多不确定的因素，实际上在绝大多数企业里，员工在日常工作执行的过程当中，往往为了最终绩效成果去努力，而不一定按照顺序去做，他们可能需要很多的试错和探索机会。倘若从起点出发，不一定每条路径都能带来成果，有些路可能很明显就是弯路，但仍然需要鼓励员工去尝试、创新。

传统的绩效管理方式是不鼓励这样的创新的，而新的管理方式当中的绩效评估方法，会基于可精确结果的绩效进行衡量，更多地去鼓励员工在一些不明确的道路上试错。

其次是资源的分配。

倘若你身处大企业中，你会对资源分配的方式感受比较深，小企业由于本身资源匮乏，这方面的感受不会那么强烈。但事实上，不管你有多少资源，你都将面临分配问题。传统的资源分配方法是依照业务板块，根据不同业务板块的产出来进行衡量，投入按照产出进行分配。

但现在越来越多的企业开始考虑到两种情况，首先是业务发展的不确定性，其次是完全创新对资源分配的难以衡量性。倘若这项业务在过去对你的产出是 0，你甚至也不确定今年会不会有产出，你怎么来分配资源，怎么对创新进行投入？一般情况下，企业都把非常大的投入用在了后面两种情况中。而实际上，这一原理对于中小企业也是适用的。

再次是决策模型。

传统企业的决策模型有三个，分别是专制、民主、共识。通常大家都觉得这三个模型已经足够，但实际上有一种更加适合现在的决策模型，我们称之为"分散决策"。

我们知道，企业决策机制的中心环节是决策主体的确立，它是企业能否良性运作的关键条件。从经济发展的历史来看，任何经济活动最初始的决策者都是单个的人，我们把这种以个人独立的、互不重叠的决策权为特征的决策机制称为分散型决策机制。

在企业里面，根据每个人的职能分配决定决策领域，如果你的决策领域只跟自己的决策有关，那就是专制型决策。但总会有一些决策影响到其他人，在这种情况下的决策环节，只需要跟另外一个决策领域的决策人达成一个共识决策就可以了。

这件事听起来好像非常简单，但是这样的决策模型在企业的管理场景里，面对不同的情况，会变得非常不一样。如果我们加上管理的高层、中层、基层，情况就变复杂了。你会发现在某一个决策领域中，如果遭遇另外一方的不同意见，这时候达成共识决策就显得很困难。尤其是如果决策发生在老板和下属之间的时候。能不能有这样的沟通环境和文化，让基层员工能够提出反对意见，对于一个企业到底能不能做到分散决策，显得至关重要。

最后是激励机制。

在经典的管理理论下，我们已经有了非常有效的激励工具，它们主要是物质层面的，包括升职、关怀、荣誉等。倘若按照马斯洛理论来解读，这样的激励机制已经走到极限了。

但我们有没有想过一种更好的激励模式？这个激励模式能够让管理者从左右摇摆当中解脱出来，这就是我们所说的使命感激励，要在管理文化中或多或少地植入使命感激励。

有一个案例曾经给了我非常大的启发，那就是 20 世纪 60 年代美国的阿波罗计划。阿波罗计划一共只花了 8 年时间，从 1960 年到 1969 年，就把人送上了月球。8 年的时间，如果你依靠一般的激励、一般的管理模式，是非常难实现的。

后来，很多管理学家都对阿波罗计划进行了研究，结果发现，在阿波罗计划的激励机制当中，出现最频繁的驱动力，竟然是不想让自己的队友丢掉性命。员工们的表达非常简单，他们说，我发现我的队友都非常优秀，所以我也要跟他们一样优秀。

在我们的激励当中，倘若能找到这两个点，企业的内驱力就会非常强盛。因此，培养同情心、培养同理心，让员工在企业里面跟同样一种人共事非常重要。

适应技术变革的管理方法

从刚才讲到的这些在技术快速发展的过程当中的变化可以看出，我们的管理领域到底发生了什么样的变化，到底什么样的管理方法是适应未来快速变化的技术环境的管理方法，无非就是要具备以下六个特点：

第一，建立一个合理合法而且可以持续发展的商业模式。这是有效管理的基石。

第二，通过对创新和价值观的坚持，让员工接受一个更崇高的目标。

第三，管理者带头倡导开放、沟通的企业文化。

第四，管理者更欣赏行动。

第五，企业给予员工大量的自由时间，允许弹性工作。

第六，企业完全没有传统的 KPI 考核。

运动相机品牌 soocoo 转型记

朱迅安强烈地认定，从被动加工到主动做品牌，即使这一步步履维艰，但已经刻不容缓了。

2015 年 3 月，soocoo 通过速卖通平台进行限时闪购，3000 多台运动相机被一抢而空，并吸引了 300 多家经销商。对一直尝试转型的 soocoo 来说，直到这次活动，渠道才渐渐打开。

soocoo 是一个运动相机品牌。从 2008 年开始，它为国外品牌做代工，生产 DV、相机等与影像相关的产品，直到 2012 年，深圳市安尼泰科信息技术有限公司开始从代工商转型做自主品牌。

soocoo 最初的定位是海外市场，而且国外的户外运动相比国内更为成熟，运动相机的需求量更加庞大。但是 3 年来，它在销售上的表现并不乐观，转型之路迷雾重重。

而 soocoo 在速卖通上惊艳的表现，让海外市场颇为好奇。一个转型之后的小众 3C 品牌商是如何成功走出国门，并成为典型标杆的？

从代工商到品牌商

soocoo 创始人朱迅安认为，代工商的生命力在于创造价值，不在于复制：

"要在基本的生产组装基础之上体现附加价值，增加不可替代性。"

事实上，朱迅安一直在压抑心中做自主品牌的火苗："即使做代工很多年，有想法和理念，别人也无法知道产品到底是谁做的，没有荣誉感。"

2010年年底，安尼泰科为某品牌代工了一大批产品，但由于前端销售受到影响，直接导致工厂库存严重积压。这件事让朱迅安深刻意识到自有品牌的重要性，在他看来，如果是自己的品牌，即使有库存压力，也会转化为销售动力，让品牌更快、更好地成长。

2012年，他强烈地认定，要从被动加工到主动做品牌，即使这一步会步履维艰，也已经刻不容缓了。但是，如何成功转型呢？安尼泰科决定从产品和渠道两方面同时进行。

让产品先行

我们常常会惊叹于潜水爱好者眼中神奇的海底世界，或是跳伞爱好者拍摄的壮阔高空，他们乐于将相机装在身上，将每一次运动挑战的经历记录下来并分享给大众。这时候，用户惊叹的表情证明了运动相机存在的意义。

放眼海外市场，soocoo的竞争对手很多是早已占有一席之地的国际品牌，尤其是在已有标杆性运动相机品牌的前提之下，必须走出差异化的路线。众所周知，诞生于美国的品牌GoPro是运动相机领域的始祖，几乎成为"极限运动专用相机"的代名词。在这样的情况下，初出茅庐的深圳小品牌还会有机会吗？

与国外客户多年的接触让朱迅安"偷学"到一套理念："国外成熟市场对产品开发、设计的理念非常宝贵，对于外向型企业来说，要在与国外用户的合作中学习其背后隐性的东西。"

朱迅安口中的理念具体体现在两方面：首先是对于设计的理解，包括包装、ID、结构等设计，这是脸面问题；其次是对产品结构化和使用人性化的理解，提倡用户体验感。尤其是在近几年，国外的工艺优势不再明显，如何设计、生产出真正好用且便捷的运动产品最为关键。

那么，soocoo如何体现这些理念？

"找到市场需求点和痛点，再通过一定的硬件和软件来实现产品，并设置便捷且多元的功能。"朱迅安介绍，2014年年初的运动相机基本还要靠防水壳才能防水，而且录像时间相对较短，他认为soocoo首先要解决的就是在增加便携性的同时实现本机防水和延长录像时间，其次在功能设置上，增加遥控手表、SOS求救灯、镜头夜视处理等功能。耗时一年开发的新品S60，一经面市便成为热销产品。

除了推出拳头产品，soocoo还深耕产品线的开发，针对不同的运动表现形式和场景做细分。相比GoPro学习苹果公司专心做深一款产品的模式而言，朱迅安更看好做运动市场细分领域，增加覆盖面，满足消费者的不同需求，在运动场景千变万化的背景下，差异化的空间还很大。

在soocoo的产品上体现出硬件变软的趋势。在soocoo的App上，用户上传作品并与他人建立社交关系，这些后台数据将被利用到产品开发上。

从速卖通平台上的数据来看，欧洲、东南亚和俄罗斯对soocoo产品的购买量较大，同样，soocoo也把收集到的销售数据反哺到产品上，进行精准营销和开发产品。朱迅安坦言："前期尚未对全球不同区域做精准订制化，但是在产品形象和包装上已做差异化。"

渠道优化

soocoo这位专注做3C产品的"硬汉英雄"始终过不了渠道的"美人关"。从2012年开始，安尼泰科一直在渠道推广上摸黑前行。

最初，朱迅安想了一个最简单的销售方式：把产品委托给外贸公司进行销售。事实证明，这条捷径走不通，"出现一个最大的问题是，他们不愿意卖我们的产品"。对外贸公司而言，如果客户能够直接找到生产商，它们的销售价值就会减弱，没有太大的意义。除此之外，在销量尚未打开的初期，一些跨境电商平台也不敢冒太大的风险。

2014年年底，一个叫浩方的跨境电商找到朱迅安寻求合作，填补运动相机的市场空白。与传统的模式套路类似，soocoo负责供应商品并做相应的设计和描述，浩方进行发货与仓储，联合在速卖通平台上进行售卖。

2015年3月，soocoo在速卖通平台上进行了一次限时闪购，共销售soocoo S60款运动相机3000多台，并吸引了300家经销商。

尽管这一销量达到之前的3~4倍，但这次活动带给朱迅安最大的惊喜并不是销量，而是一批数量可观并且优秀的经销商。

如今，soocoo已根据经营与品牌理念筛选出包括平台和商家在内的30多家经销商，由公司统一宣传和推广口径，经销商基本上只需完成销售这一步。

"我们会统一价格体系以及品牌形象，甚至定义宣传、照片、资料等标准，最后才达到有效的授权。"朱迅安始终把该理念作为核心。

这次活动之后，soocoo开始单独运营，欲将之打造成速卖通平台上的品牌旗舰店，目前已过审核阶段。这部分的品牌运作和推广工作，已经交给新成立的深圳市探索发现科技有限公司专门负责。

朱迅安说："品牌成长需要大的第三方平台。只有等销量上去的时候，才会有分销商愿意销售产品。"同时，他表示2015年7月底soocoo会在S60外观的基础上，升级一款更高端的相机，仍会选择速卖通平台做新品首发。

在线上，soocoo开始建立自己的官方网站，欲扩大用户群体，更直接地与消费者建立联系；在线下，soocoo计划在国外开设专卖店、找代理商，或者进驻俱乐部，提高产品与品牌的曝光度，收集国外用户的体验，进行互动和测试。

soocoo究竟能否通过渠道优化，让自己越走越远，让我们拭目以待。

都市丽人：带动线下加盟商共成长

目前，都市丽人在线上销售高速发展的同时，线下店铺的业绩也增长了45%。

直到 2014 年 2 月，都市丽人才上线自有电商品牌，当年的线上销售额占总销售额的 1.5%，约为 1 亿元。而 2015 年的前 6 个月，都市丽人的电商业务已经达到了 2014 年全年的销售业绩，线上销售额占总销售额的 3% 左右。为什么那么多线下企业依旧不敢跨出电商的步伐？它们的障碍在哪里？

截至 2014 年，都市丽人在线下拥有 7026 家店铺。2014 年 2 月，都市丽人在天猫开店，在线上销售高速增长的同时，线下也新开了 1200 家店铺。这意味着做电商并未影响其线下体系的发展——都市丽人线下店铺的业绩已经比 2014 年增长了 45%。

早从 2012 年起，都市丽人就不断改造系统，ERP 系统、POS 机系统、CRM 系统等，打通了 3000 多万名会员的统一管理，到 2014 年 2 月才正式开始电商征途。

在做电商之前，都市丽人通过整整 1 年时间的酝酿来做宣导，经过几轮会议沟通，首先打破了加盟商的抵触心理，他们最担心的是线上的打折问题。都市丽人在内部搭建了结算体系，给加盟商做一定的分利模式，这让他们乐于分享自己的会员信息，促进整个品牌的成长。

其次是统一促销管理体系，也就是所有电商平台上做的每一个活动或促销，包括品牌日等，都会提前 7 ~ 15 天在内部平台上向所有加盟商发布。这样做的效果非常明显，2014 年"双 11"当天，线上销售额突破了 1000 多万元，同时线下门店的总业绩也在那一天翻了 1 番。这说明，如果能够借助线上活动的契机，进行更好的互动，可以带来线上线下的双赢。

在都市丽人看来，消费者选择线上还是线下购物，是由其当时所处的状态决定的。因此对传统企业来说，一定要在线上线下做到统一，包括产品。目前其线上与线下 95% 的产品都是一样的。他们还推出了一个概念"线上款允许线下卖"，并于 2015 年将 20 款线下经典款在线上销售，效果非常好。

无论线上还是线下，商品的折扣、活动、商品营销、运营，都是一致的。与其他企业不一样，都市丽人已经实现了单件分拣制——上一周卖了什么，下一周就补货，完全符合电商的节奏，而其他服装企业大多还在采取批制，一批批出货。

由于都市丽人走的是现货模式，因此能对整个供应链进行全方位的掌控，实行"334"的订单管理模式——40% 的产品是成品，30% 的产品是半成品，30% 的产品是原材料。

另外，都市丽人对会员实行"全生命周期管理"，通过这些管理模式，运用各种营销手段和会员进行互动，通过所有的平台，包括门店、互联网、移动端、社区等去做销售。促销管理也必须多元化，具有品牌性，这些大概就是其做线上和线下、电商和传统门店之间商品和会员管理、营销的大致蓝图。

电商也是零售，是一种新的销售模式。预计电商销售应该占都市丽人集团 3% 左右的份额，未来将达到 15% ~ 20%。接下来信息化的建设非常重要，这是企业发展的内在推动力。一个线下的传统品牌想做好电商，仅仅依靠营销的渠道和营销的方法，是有问题的。

第十三章　完善用户逻辑

在电商运营过程中，最怕经营者把自己的逻辑当成用户的逻辑，因为这样做出来的产品也许能满足用户的一些需求，却永远无法准确击中用户痛点，"俘获"用户的心。所以电商经营者要完善用户逻辑，如外卖的痛点是配送，餐饮的痛点是客户接触点的部署，服务业的痛点是资源与用户的对接……只有首先确定了这些痛点，然后以用户逻辑完善电商体系，才能"圈住粉、留住人"。

用配送逻辑直击外卖软肋

和淘点点这类纯粹导流量的外卖平台不同，"点我吧"和"零号线"把核心竞争力不约而同地聚焦到了自建一整套物流配送体系之上，从而实现快、准、稳的用户体验。

2009 年，点我吧正式在杭州上线，成为最早的一批第三方外卖平台之一。

之所以进入线上外卖市场，点我吧 CEO 赵剑锋如此解释："当时分析过本地生活的规模，一致认为这将是个和 BAT（即百度、阿里巴巴、腾讯三大互联网公司）一样大的市场。"

赵剑锋举例，以杭州主城区 600 万人口计算，假设其中 10% 的人曾经消费过外卖，便是 60 万人。这 60 万人 1 个月内只需要有一次外卖需求，便能产生 60 万个订单，平均到每天就是 2 万个订单。假设客单价为 50 元，那么一天的交易额便可达到 100 万元。

虽然餐饮是一个高频需求，但外卖对于每个人来说，并不属于高频需求。在点我吧看来，只要把外卖这个"高频中的低频需求"做好，便能拥有一个庞大的市场。

最初的 3 年，点我吧的投入全部是赵剑锋自掏腰包，前前后后投入了近500 万元。时间一长，赵剑锋便招架不住了。事实上，这个行业有着极强的本地属性，一般都是以一个城市为主，慢慢扩张开来。

2011 年年底，出于资金压力，点我吧尝试开通城市加盟业务，由当地加盟商负责商家的拓展，点我吧负责运营体系的搭建，而第一个加盟城市便是南京。正当南京项目准备落地之时，戈壁创投向点我吧注资 1000 万元。随后，加盟业务也因此而终止。

无巧不成书，在点我吧专注于杭州、终止南京项目之时，另一家第三方外卖平台——零号线则开始从南京起步。

2012 年，在南京一家本地生活网站工作的吴皓和瞿奕看准外卖市场后相继辞职，一同创建零号线。由于拥有行业经验，零号线成立之初便获得了戈壁创投以及地方政府共计 1000 万元的天使投资。当年 6 月，零号线正式上线。

和淘点点这类纯粹导流量的外卖平台不同，点我吧和零号线把核心竞争力不约而同地聚焦到了自建一整套物流配送体系之上，从而实现快、准、稳的用户体验。但事实上，两者的配送逻辑迥然不同。

提高效率的配送圆圈

对于大多数外卖网站来说，把用户按行政区或地铁线路划分是一件顺理成章的事情，但这样的划分在赵剑锋看来并不高效。

对于商家来说，按照地理行政区划分会让处在两个行政区分界线的商家丢失很多订单；而对于用户来说，行政区的划分，会让可选择的商家数量减少。对此，点我吧选择以门店或用户为半径，设定合理的覆盖范围，从而形成配送圆圈。

"用户不管是在点我吧的 PC 端还是移动端，只需要输入所在的地理位置，点我吧就会以用户位置为中心，把附近能够配送的商家呈现出来。"赵剑锋解释，这种无分区的划分，使得配送员的配送半径增大，原本只能限定在一个区的配送员，现在可以不受区域限制，无边界地自由流动，这样大大提高了配送效率。

假设点我吧的配送员从 A 点送餐到 B 点，他并不需要再返回 A 点，后台系统会在配送员到达 B 点后，划定一个配送半径，如果这个配送半径中有其他用户下单，配送员就可以顺路配送。

所以，配送员一天可以跑很多个区，平均每天可以配送 20 多单，这个数字在自建配送队伍的外卖网站中颇具优势。"同样的订单量，我们需要的配送人员最少；在同样的配送员情况下，我们产生的订单量最多。"

配送员自由流动，不等于绝对的"无分区"，总归存在界线的划分。"你可以把一个城市看成一个区。"在上海，点我吧把区域分为浦东和浦西两大块，都以外环为分界线，外环以内的区域均可配送。

让配送员"可定位"

除了在配送效率上做优化之外，点我吧还在配送环节上做到可视化。为了让用户能够"看到"配送过程，点我吧把配送员的位置信息数字化，用户可以在手机和 PC 端看到点我吧配送骑士（点我吧将其所属的配送员称为"骑士"）的状态。

"消费者可以清楚地看到自己的外卖是否从商家出来了，经过了哪条街。这样做的好处是减少客户在等待过程中的'不安'情绪。"早在 2009 年，赵剑锋已经让点我吧的配送员实现"可定位"。

基于之前的工作经验，赵剑锋对 GPS（全球定位系统）和 GIS（地理信息系统）有着独到的见解，开发了一套适合点我吧的订单调度和跟踪系统，组合成点我吧的硬件系统。

客户在点我吧上下单后，订单信息就会进入客服中心的调度系统。通过系统的调度，根据订单要求送达的时间，把订单传送到商家的 POS 机上，再根据商家的做菜时间，系统给不同的配送骑士派发不同的订单。完成送餐后，再把送达信息传回系统。

点我吧自主研发的这套订单系统，需要为每个配送骑士配备一台智能手持机，这是一笔不可小觑的硬件费用。从接收订单到完成订单期间，GIS 信息通过手持系统时刻给配送骑士提供支撑。而网站也能根据配送骑士手持系统的 GPS 信号，实时提供配送骑士位置给顾客，使顾客能监控自己订单的配送状态。

这样的调度过程不仅可以实现人员利用率的最大化，而且提升了点我吧的消费体验。

与点我吧单一的配送模式不同，零号线则采用了商家自配送和零号线专送两种模式。商家自配送是指用户在零号线下单后，商家对订单进行配送，零号线充当平台的功能，不干涉订单的生产和完成过程。对于商家配送环节不可控的情况，COO 瞿奕解释说："商家自己配送的订单，当用户不满意时可以投诉，零号线会追究商家的责任。"

除了商家自配送之外，零号线还自建了 120 多人的配送队伍，以方便给商家提供配送服务。

给用户准确的预期

从零号线每天的订单来看，专送比例已经占据绝对优势。在配送时间上，零号线给用户的是平均时间值，一般是 1 小时内，实际会在 45 ~ 60 分钟送达。目前，零号线还没有定时送的功能。

在配送时间上，点我吧就显得更贴近用户。在点我吧下单之后，系统并不会给出类似"平均 ×× 分钟送到"的表述，而是让用户选择送达时间。

比如用户在 8：00 下单，可以选择在 9：00 之后的多个时间段，每个时间段的间隔为 15 分钟。

而所谓"平均送达"的概念，背后的原因是中央调度模型的落后。

"如果你承诺了 45 分钟送到，结果 1 小时才送到，这样还不如直接告诉用户，在 65 分钟后一定能送到。"赵剑锋是这样理解的：从用户体验层面来讲，"准时送达"要比"平均送达"更让用户安心。时间被精确地计算好后，用户下完单，便可以安排其他的事情。

点我吧的定时送达背后，是一个时间倒推的模型。

假设用户选择 1 小时后送餐，点我吧会把这个用户加入到排队系统中，对于每个排队的成员，点我吧都会集中到中央调度系统中，推送给一个离商家最近的配送骑士，如果最近的配送骑士都比较忙，那就找出一个"顺路"的。看似简单的算法，但事实并不容易。

赵剑锋解释说："需要从两个维度衡量，首先从地理维度，需要让计算机理解'顺路'这个概念；另外要考虑时间轴的维度，需要看顺路的骑士送达这个订单会不会迟到。"

事实上，点我吧的配送准时率已经达到 85%，而随着系统的不断优化，未来延误的订单率会低于 10%。

对任何一家自建配送队伍的外卖企业来说，人力成本都是一项庞大的开支。即使收取配送费用，以目前的规模也很难实现收支平衡。假设每配送一个订单收取 6 元配送费，一个配送员一天送 20 个订单，一个月工作 26 天，也只有 3120 元收入。"3120 元，谁会愿意干呢？"赵剑锋坦言，即使把配送费全部给配送员，仍然不够员工的工资开销。

目前，点我吧开通了杭州和上海两个地区的业务，每天的订单数超过 4000 笔，公司整体财务状况基本接近盈亏平衡。赵剑锋相信，随着产品体系不断优化，订单量稳步增长，盈利便指日可待。

　　而零号线则专注于"让生意更简单"的定位，已经开通南京、苏州两个城市，上海站正在建设中。对于零号线具体的订单量和交易额数据，瞿奕并不愿意透露。

让本地生活互联网化

　　"餐饮只是一个切入口，未来什么都可以做，不管是送餐还是送鲜花，本质上都是做服务。只要我们把服务干好了，肯定可以赚到钱。"赵剑锋并没有单纯地把点我吧定位为一家外卖O2O公司，而是一家提供"即时物流"服务的公司。

　　所谓"即时物流"，是指点对点的配送。配送的商品既可以是外卖，也可以是鲜花、水果、快件。换句话说，只要是同城业务的小件商品，点我吧都可以做。

　　所以，在点我吧的服务中，除了外卖业务，还有"跑腿"业务。跑腿这块业务，是在双方约定的基准距离内，点我吧收取6元/单的跑腿费，可以帮顾客取东西或者送东西。"如果我们能把送餐这件事干好，还有什么不能干？还有比送餐这件事更难做的吗？"赵剑锋如此说。

　　近年来，点我吧埋头摸索运营体系，慢慢成为外卖行业的领跑者。但赵剑锋也开始意识到，营销投入的缺少，使得点我吧在知名度上一度落后于刚起步的同行。

　　而在瞿奕看来，外卖只是零号线的一个切入口，把大量的商户聚合到自己的平台上，零号线不会只是一家"跑腿公司"。"商家在零号线上可以开店，可以通过零号线的系统查看订单、管理库存。"在未来的规划中，瞿奕希望线下的商家通过零号线来开展电子商务，帮商家搭建全套的电商解决方案，把系统搭建、呼叫中心、营销推广都包括在内。

　　"在生活服务领域，并没有全国性的平台诞生。我们要做生活领域的淘宝。"零号线已经不满足于给商家做配送收佣金，而是在平台的打造上发力，例如培育"零品牌"。所谓的"零品牌"，并不是在零号线诞生的品牌，而是一些在线下门店小、知道的人并不多但评价高的品牌。

零号线把这样的品牌引入到线上，帮助它们营销宣传，扩大品牌效应。比如专门做甜甜圈的团子大家族，线下的门店只有 2 个座位。零号线为团子大家族拍了一部纪录片《发现美好》，帮助其在微信、微博上进行传播，从而为线下带来流量。"为什么黄太吉这么火？因为老板会说，在线下比黄太吉更好的商家不在少数，但他们不会说。"

在此之前，商户和平台的关系多以团购的形式存在，这种方式不仅商家会牺牲利润，而且平台的毛利也极低。团购可以把线上消费者全部导给线下的门店，但商家的利润并没有增加多少。而在外卖 O2O 中，平台给商户带去的是订单，并且这个订单没有抢夺商户原有的顾客，也没有打乱产品的价格体系。

"未来的本地生活服务领域，一定会完全互联网化。"零号线的投资人、戈壁创投副总裁蒋涛表示，他相信生活领域的互联网化是毋庸置疑的。

餐饮 O2O 如何部署客户接触点

不管规模大小，餐饮企业千万不要过分依赖第三方，要有计划地部署客户接触点，建立客商渠道，促进线上和线下交互，以推动商家的可持续发展。

回顾团购红火之际，大多数餐饮商家更多侧重于线上往线下贡献客流，提升人气，提高业绩，餐饮商家有借机兴隆者，也有受伤至深者。客观上讲，这一行为本身无可厚非，但若商家只是把目光集中于此，无形中便浪费了巨大的资源，例如，客户并没有留在商家手里，客商缺乏持续的连接，无法节约营销成本。

从另一角度看，团购让众多用户逐渐养成了就餐之前，先看看是否可以特惠预订，通过线下到店来验证消费的习惯，这为餐饮O2O培育了良好的用户环境。

许多商家在谋求新的营销渠道时曾遇到太多的不顺，而微信的潮流让餐饮商家貌似找到了一个新码头，于是蜂拥而上，但实际的收效未必有多好。为什么餐饮商家会屡屡受挫呢？

在线上布局方面，许多商家太过依赖某个平台，难免会遇到如此境遇。毕竟，没有哪个有价值的平台始终是蓝海而不被同行所发现。

怎么办？无论客户在店内还是店外、线上还是线下，我们都应该全面系统化地布置客户易接触的点位，让客户轻而易举地找到想要或者是商家想推的信息。

值得一提的是，不管规模大小，千万不要过分依赖第三方，餐饮商家要有计划地部署客户接触点，建立客商渠道，促进线上和线下交互，以期推动商家的可持续发展。

让我们简单假设几类场景，现实推演一下，根据情况来梳理餐饮商家做O2O应该系统化部署哪些客户接触点。

假设一：从未曾到店消费过的客户

一般而言，基于商务、社交、觅食等需求，客户往往会提前通过网络平台（如大众点评）、搜索引擎（如百度、360搜索）或询问朋友，在某个区域有哪些吃饭的地儿、菜品有啥特色、环境怎么样、人均客单价多少、是否方便停车、网友评价，再结合同行者的意见，最终来决定去哪里吃饭。

另外，目前许多生活平台手机端或地图具有 LBS（地理位置服务功能），客户在逛街时，可以拿出手机即时搜索，寻找就近的餐饮店。

对此类客户，商家应该从四方面进行接触点的构建。

一是线上生活平台。在大众点评、58同城、赶集、本地生活网、百度（贴吧、知道）等网络平台上全面发布店面、菜品和优惠信息，同时，易于被搜索引擎收录，有益于平台用户的查阅和其他用户的关键词搜索。

二是地图或导航。向百度地图、谷歌地图、高德地图等服务平台提交数据。

三是公众号。公众号是餐饮商家必须开设的移动端阵地之一，也是接触入口，餐饮商家应定期发布相关信息，扩散影响面。

四是良好的用户口碑。"美食美味，环境服务好"是直接塑造用户口碑的基础，绘声绘色地传递你的特色和优势，并让曾经到店消费的食客真实体验到。

假设二：正到店消费的客户

这类客户在店内的场景是：开门，进店，服务员笑脸相迎，询问几个人就餐后直接引位，客户落座后拿菜谱点菜，等菜，上菜，就餐后服务员上前或去前台结账走人。

对此类客户，商家应该从三方面进行接触点的构建。

一是实体店面。传统餐饮企业会选址在有一定自然人流的位置，整个店面外围正是一个非常好的接触点，店头、门窗如何布置显眼、突出特色，吸引过往人流，这是餐饮企业应该具备的经验。

二是服务人员。上面的场景应该是我们经常遇到的情景。其实，略加修改，就可能有利于建立一种相对持久的连接。例如，以"询问一下是否为本店会员，并告知会员可以享受什么样的优惠政策"为起始，引导食客注册成为本店会员，留下资料，以便持续反复地进行营销。

三是店内布置。客户进店后，店内一切目光所及之处，商家都应设身处地地考虑客户的行动轨迹，构筑接触点。例如，宣传折页、海报、菜谱、餐巾纸、餐桌牌、前台、小票等。

假设三：已经消费过的客户

一般的餐饮商家会不时地推出一些新菜品或促销优惠，对于曾经到店消费过的食客，期间若没有经过该店面，一般情况下不会知晓商家最新的动态。

当客户没有主动进行搜索或无法得知时，商家应主动出击，将有关信息推送到客户最可能接触到的地方。如今，数遍各种载体，与客户联系最紧密的唯有手机了，但受360等手机软件智能拦截的影响，频繁的短信和电话营销已越来越不可取。

对此类客户，需要从三方面进行接触点的构建。

一是植入二维码。在第一、第二个场景下的系列接触点中，植入二维码，制造诱人策略，引导客户直接注册（忌讳光秃秃的二维码）。

二是官方客户端。基于微信的用户模式，可以帮助商家积累一批粉丝。不过，仅凭用户名、性别、所在地区和个性签名，无法支撑商家对于客户群体的深入掌握和分析。从长远发展的角度来讲，餐饮O2O要求的是真实数据，所以，商家始终应该建立具有自主权的官方客户端。

三是移动端平台。在微博、微信、手机QQ、易信、微米、直达号等移动端上开设的商家账号，是与客户交流的重要窗口，有利于平台用户的口碑传播和分享。

五大原则打造长尾效应

在广泛布置客户接触点之后，为实现餐饮O2O高效模式，商家应有计划地发布信息和客户互动，整合不同渠道的流量，汇聚成规范化的数据库，但以上系列接触点太过分散，餐饮商家较难统一管理，更别说聚合数据。

那么，如何整合规划不同类型的接触点，有条不紊地落地执行？商家应该在充分理解"四维空间"和社群属性的基础上，注意以下五大原则：

第一原则是时间匹配。从时间轴上分析，不同接触点分为即时性和延时性两大类，餐饮O2O在侧重部署即时性接触点的情况下，分步骤、分批次向延时性触点扩散。

第二原则是多维空间。与第三方平台上的接触点相比，商家更容易把握店内的接触点，商家先把到店的客户数据留下来，为以上第一、三种客户场景下的系列触点的对接奠定基础，再把精力逐渐往外延展。

第三原则是新颖独特。人们往往对"新奇特"内容感兴趣，客户接触点应该考虑如何制造亮眼的效果，吸引客户阅读下去。

第四原则是重视交互。客户接触点不只是为了让人能在第一时间看到商家的信息，理解商家所传达的意思，还要重视与客户之间快捷便利的互动和沟通，提升客户体验。

第五原则是动态更新。客户接触点的部署不是一劳永逸、一成不变的，否则容易造成客户视觉疲劳，商家理应保持接触点内容的同步更新，及时传达商家动态。

餐饮商家应遵循以上五个原则，打造客户接触点的长尾效应，以圈拢更多用户。

总之，餐饮O2O讲究的是线上和线下的信息流、资金流、客户流和物流的交互，要做好并非一蹴而就的事。在客户接触点部署和管理上，商家应毅然抛弃"急躁冒进，急功近利"的心态，边看边做，边试错边优化，要逐步地落实。

"互联网＋"服务业的甜蜜点在哪里？

服务业的 O2O 是用技术的手段实现服务资源的标准化，然后用互联网的方式解决信息的不对称，最终连接消费者和服务资源。

嘟嘟美甲从上海开始，因为我们发现南方的服务业更发达，南方地区的姑娘相比北方的姑娘更爱美。目前我们已经覆盖了 14 个城市，有 2300 名美甲师，日订单过万个，其实这个市场不算大，对 O2O 来讲还是刚刚起步的阶段。

烧钱是不可持续的

在政府部门提出"互联网＋"的概念之后，很多企业都把 O2O 的标签往自己身上贴，实际上大家对 O2O 所代表的概念和背后的东西认识很模糊，很多自己做 O2O 的人都讲不清楚 O2O 是什么。

讲到 O2O，大家想到的一个词就是"烧钱"，其实"烧钱"是从打车和外卖开始的。在大众领域，用"烧钱"的方式达成效果是可以的，但在其他细分领域是不是同样有效，这是要打问号的。这里关系到一个资本推动还是技术推动的问题，钱是需要的，但不是万能的。

"烧钱"之后有没有为用户带来价值，这很重要。

我想结合自己在嘟嘟美甲创业阶段的经验，告诉大家服务行业的 O2O 是什么。其实服务行业的互联网化不是资本的游戏，而是整个行业的效率提升，接下来我从六个方面介绍：

击穿成本

传统行业里一次美甲的成本结构是这样的：用户付 100 元，其中 35 元是房租水电，30 元是老板的抽佣，另外 35 元给美甲产品和美甲师。房租和水电是场所功能和营销功能，第二个是老板的功能，看起来他白白抽走了钱，实际上他承担了运营功能，但为客户创造核心价值的是美甲师拿着美甲产品画在手指头上。也就是说，传统行业的一次服务会涵盖很多项服务，整个运转效率非常低。我们的模式就是有关房租水电和老板的抽佣，用互联网的方式获取用户，进行营销。通过一些技术的方式把管理功能承担起来，可以把一次美甲的成本降低至原来的35%。省下来的钱分成两个部分，一部分让美甲师的收入更高，一部分返回给用户，让用户以更低的价格享受更好的服务，上门服务本身就是成本结构的变化。

参与感

一个客户进入一家店，大部分的美甲师会问她需要什么款式，传统的门店对这个问题解决得并不好。我们所解决的事情，第一是通过专业化的运营，把互联网的常规手段接入行业里，效果惊喜。比如说在大白电影比较火的时候，我们上了很多大白的款式，其实就是在白色的指甲上画两个点、一条线就可以了，但这个产品一天卖了几千个。我们通过专业化的运营，紧跟了一些社会热点，效果很不错。

第二是很多美甲不能选款式，我们做了一个美甲比赛，让用户在平台上给美甲师投票，选择自己喜欢的款式。

第三是我们在各地举办会员活动，让用户的参与体验得到提升。因为我们是一帮理工男，也不知道用户喜欢什么，所以做事都是以服务为导向。

先选款式后选人

我非常理解女性去做美甲却得不到自己想要的效果的感觉，因为我也去美甲店体验过。我问过专家，能不能在美甲师没做之前就知道他到底能不能做，专家说不行。我们不甘心，就去一个美甲学校看美甲师们到底怎么学习美甲。

令人惊喜的是，学员不是一个款式一个款式地学，而是一个技能一个技能地学，比如说今天学画线，明天学画三角，后天学画模拟纹，其实每个款式就是不同技能的组合。

我们对美甲师的技能理解之后做了这样的流程，即先选款后选人的模式，用户在体验的时候完全感觉不到我们花的心思。我们做了数据分析模型，用同样的模型分析每个美甲师，掌握每个美甲师已经具有的技能点和技术点，最后实现款式和美甲师的交叉匹配。用户选择了一个款式，立马就知道全平台哪些美甲师可以做。

这样有两个好处，一是比较符合用户的直觉，用户的第一个问题是想做什么款式，选定款式后，找一个离她最近的美甲师来做就可以了；二是这样对美甲师也有好处。传统的C2C方式是让美甲师把能做的款式上传到平台，且不说美甲师能不能做他上传的款式，还要面临是否方便上门服务的问题。如果采用淘宝的模式，全城的客户都可以选择这个款式，但是只有一个美甲师可以做，就会导致美甲师的订单散布在全城各个角落，交通成本变得非常大。

路径优化

很多问题都可以通过路径优化可来解决。我们考虑美甲师从家里出发到第一单、第二单、第三单的问题，每个新的订单加入进来，都会考虑美甲师整体的路径。我们把最短路径和先选款后选人的模式结合，美甲师一天的接单量就从3单升到了6单，相当于一个美甲师做了两个人的活，减少了交通时间，有更多时间做核心业务。

技术驱动的管理

传统的服务行业是怎么做管理的？一般早上要拉着服务员去门口唱歌跳

舞，喊"我是最棒的"；服务台让用户填反馈卡，如果哪个美甲师做得不好，就找他谈话，看有什么改进方法，不行就开除。这还是人管人的方法。

我们的核心是用户监测，上门服务遇到的第一个问题就是迟到，迟到对用户服务伤害最大。我们现在已经能够做到预测美甲师会迟到，然后提前干预。我们还会让美甲师拍照留存服务上传到系统中来，用抽检的方式看这个美甲师的服务是不是稳定。

最终我们监测到核心的几个点，结合用户的反馈，对这次服务做完整的评价。再把评价反馈到前端的用户推荐美甲师的过程当中，那服务好的美甲师接到更多的订单，不好的就接不到订单了，实现美甲师的优胜劣汰。

用数据留住用户

以前的管理方式，很少有留住用户的方式，除了办卡。而我们首先对用户进行行为分析，看用户是喜欢款式还是美甲师，是老用户还是新用户，然后会出各种各样的专题。甚至在一个活动里根据用户类别的不同，给不同用户不同的刺激。除此之外，每个美甲师的客户端都是 CRM 系统，可以看到服务过的所有客户和订单，和我们一起维护用户。

我们从选择可以做款式的美甲师，提供上门服务，到用户监测和服务，到维护用户的过程中，都是在用互联网的方式渗透传统行业的每个环节，把每个环节的效率提升到最高，最终完成服务的标准化。

我们认为服务业的 O2O 应该是把消费者和服务资源联系在一起，实现自由的匹配，借助互联网和技术的加持，让整个行业的效率提升到更高。"互联网 +"服务业的甜蜜点就是整合行业，提升效率。

第十四章　抓准分众化市场

一站式 App 和传统流量入口的式微，让电商经营者为如何导流绞尽脑汁。很多商家选择烧钱导流的方式吸引用户，但依然面临转化率偏低的问题。突围之道在于商家要抓准自己的用户市场，用类似社群经济的方式聚拢自己的目标用户。这样就能只使用目标用户最容易接受的渠道、传播方式、产品推广模式，准确到达用户群，用最少的投入，最精确地定位用户，完成转化、变现。

正在兴起的周末场景市场

一站式的 App 和传统的流量入口逐渐式微，移动互联网时代正在经历服务场景之争。而"懒人周末"上线之初便瞄准了以"周末"为场景的移动细分市场。

周五上班等公交的间隙，25 岁的小陈低着头、刷着手机，就把周末的行程安排好了—— 一次户外交友派对。这并不是她在"懒人周末"这个 App 上预订的第一次活动，用她自己的话说，它是拯救懒人宅女无数个无聊周末的神器。几乎就在小陈下单的同时，懒人周末 CEO 金忠堃就在后台接收到了这一订单，对他来说，用户的每一次浏览和下单都是对他再次创业的肯定。

受《爸爸去哪儿》节目的启发，金忠堃一开始想做纯亲子类的周末周边游产品，但在经过 3 个月的调研后，他发现目前纯亲子场景的线下基础设施还处于早期，而以周末为场景在未来却可以覆盖这个人群。但当他真正开始着手创业时却遗憾地发现，"周末去哪儿"的名字已被注册了。

之所以看好周末这一场景，依据的是金忠堃之前创业积累的数据。2011年，他从阿里巴巴离职，尝试做了"美食行"和"景点特价门票"这两个

App，在做本地生活搜索上积累了不少经验，也渐渐地看到周末休闲市场的前景。

数据显示，周末的客流量是平时的 3 ～ 5 倍，并且相对节假日出游、出境游和长线旅游来说足够高频，从周四到周日早上都是使用高峰期，周五晚上达到使用峰值。

打开频次越高意味着用户获取成本越低，消费概率增加，从某种程度上来说符合追求一定生活品质的城市居民的消费形态。

因此，金忠堃将再次创业的场景细分至"基于本地休闲生活的周末"。

2013 年 9 月，"周末去哪玩"正式上线；3 个月后，"周末去哪儿"也紧随其后正式上线。2014 年 5 月，"周末去哪儿"获得蓝湖资本 1000 万美元 B 轮融资，10 月，"周末去哪玩"获得东方华盖创投数千万元 A 轮投资。

从在线旅游的大环境来看，过去几年，四大 OTA 巨头都在用利润换市场，除携程外全行业都在亏损的状态折射出在线旅游行业竞争的水深火热。

2015 年 3 月 4 日，途牛发布 2014 年全年财报，净亏损达到 4.479 亿元；3 月 17 日，去哪儿网发布第四季度及全年财报，净亏损为 6.755 亿元。而艺龙之前公布的相关财报也显示，2014 全年净亏损 2.69 亿元。

一边巨头们拼价格的烧钱游戏继续上演，另一边历经几年沉淀，整个在线旅游行业呈现出越来越细分的局面。对于创业公司来讲，正是突出重围、调整策略的绝佳时机。

"切入点一定是细分领域，这样才有机会。数据显示，在过去的一两年出境游是热点，而周末游作为本地生活消费的一部分也是热点之一。""周末去哪玩"CEO 张文龙之所以选择周末游作为创业切入点，同样是看到了其中的机会。

事实上，随着围绕"周末"这一场景的 App 陆续出现，金忠堃才感受到被人捷足先登后的压力。当然，这也印证了他一直以来的设想：一站式的

App 和传统的流量入口逐渐式微，移动互联网时代正在经历服务场景之争。

2014 年 11 月，金忠堃的"懒人周末"上线，正式进军以"周末"为场景的移动细分市场。

对于上线不久的"懒人周末"来说，如何在已有的本地周末市场做出差异化，平衡商户与用户之间的利益，解决本地资源竞争与资源闲置的问题，还需要不断探索。

打造平台交易闭环

"懒人周末"每天都会不定时更新活动资讯，一周的活动更新量大概是几百个，根据用户的个性化标签进行内容推送。金忠堃表示，个性化标签会根据后台数据进行更新，甚至以场景取代类目，例如亲子活动、情侣约会、家人聚会等。

单一的内容驱动能持续增加用户黏性吗？内容聚合类平台转向 UGC 社区似乎是一种不可逆的趋势。金忠堃在这点上有些迟疑，"场景化的 App 涉及类目较多，因此在用户产生内容层面上有不同的操作难度系数。举例来说，一般活动产品的生产、包装过程复杂，仅通过 UGC 很难完成对产品的把控，而美食的 UGC 相对来说容易操作，往往通过拍照分享便可完成"。

"懒人周末"与同类 App 最大的差异来自于闭环体验，不管是"周末去哪儿"还是"周末去哪玩"，它们只负责销售步骤，之后的交易环节则重新归由商家处理，往往需要跳转到第三方平台。

但移动端的跳转交易会带来相应的问题。首先，很难兼顾到用户的最终交易结果，不能及时地反馈信息；其次，在没有 Wi-Fi 的情况下，跳转网页需要消耗更多流量，给用户带来流量负担，甚至造成网页打不开的尴尬局面；最后，在其他平台上，用户也有可能面临重新注册、登录等步骤，增加交易难度，不可控因素较多。

"App 的使用往往在碎片化的时间和场景内，可能是车上的几分钟，也可能是在床上的睡前时光，所以时间紧迫，因此交易的闭环体验是移动 App 增加留存率的重要一环。"金忠埜介绍道。

"做交易闭环平台虽然有一定的开发成本，包括对结算、后台、对账等的设计，但是对我们来说不难，很顺手。"这样的信心一部分源于团队的阿里基因，"懒人周末"的五位联合创始人都来自阿里巴巴，此外团队中大多数成员都曾服务于淘宝、支付宝等，有搭建交易系统的经验。

目前，"懒人周末"只与支付宝合作，后续还会开发微信与银联等其他支付方式。

持续优化商家合作机制

以杭州为重点资源投放城市，"懒人周末"目前已陆续拓展到全国 20 个城市。但金忠埜坦言："本地化的服务很难快速扩张，只能先把杭州做起来，外部城市只做支持，一方面商家资源有限，另一方面猛烈的地推路线成本过高，不适合创业期团队。"

目前，"懒人周末"合作的商家主要有三类：休闲类商家、无门店商家和美食类商家。

在商家的定位和选择上，"懒人周末"对"懒人"概念进行了充分的把关，并体现在两个方面：一是体现在 App 提供的内容资讯上，一定要足够休闲与独特，比如，懒人周末不会选择上门洗狗、教育类讲座这类稍显枯燥且费力的活动；二是体现在用户体验上，能为用户提供最完整的产品，搜索适合周末场景下的旅游路线或者美食，为用户提供便利。

如今，金忠埜一有空就会投入到微博和微信上，不仅与用户互加好友，还会翻阅微博评论和朋友圈，正是这些社交渠道帮助他零距离了解用户的需求和商家的反馈。

2014 年 12 月的私厨到家活动便来自于用户朋友圈的启发。一位用户通过私厨网站预约了厨师到家里做饭，并将活动照片放至朋友圈，饭店名厨到家里做饭的新奇概念一时间引来了很多人点"赞"。

金忠堃预见到，或许可以通过"懒人周末"的平台做一次私厨到家的周末活动。

随即，"懒人周末"与私厨网站达成合作，推出限时限量优惠活动，引导用户通过懒人周末的平台进行购买。在活动发布当天，50 个限量名额一抢而空。

谈到商家资源整合，"懒人周末"分为线下商务拓展和线上审核两部分。在每周例会上，运营人员和业务拓展人员会初筛一部分符合标准的商家，然后由业务拓展人员去谈合作。

随着互联网的发展，从事过多年本地生活服务的金忠堃能清晰地看到商家们的成长。他回忆，在 2007 年之前，要在线下和商家谈合作十分困难，而如今，很多商家从诞生之初便带着互联网基因，并有一定的互联网营销意愿和能力。

目前，与懒人周末合作的商家有近百家，但它们并不是都有永久的"保质期"，懒人周末会根据用户的反馈制定商家淘汰机制，每一次的活动体验都是对商家的试用。为了保证用户体验，业务拓展人员会定期淘汰不合格的商家。

但是，金忠堃对目前的淘汰机制并不满意，毕竟一次不好的体验就可能损失一部分用户。他表示，后续会提高商家的进驻门槛，增加一系列的评断标准，保证进驻的商家和上线的产品都是优质的，而不是在经过几次试水之后再判断商家的好坏，再进行淘汰。

"如果用户体验不好，"懒人周末"全额赔付。因此，平台和商家的关系是深度合作和绑定的，商家的好坏直接影响平台的发展。"金忠堃直言曾有过几次不成功的用户体验。

同"周末去哪儿"一样，"懒人周末"目前已初步开发了北京、上海、武汉和杭州等几个城市的商家进驻自助平台，意图制定更加规范的自动审核机制代替人工审核，从而降低人力成本，保障商家质量。在商家申请后，由后台来完成审核，一旦审核通过，商家便可上线自己的周末产品，吸引用户到店。

避免周末资源撞车

做周末休闲生活的 App 都将面临一个抉择：做产品还是做信息。在这一点上，"周末去哪玩"和"懒人周末"截然不同。

"周末去哪玩"专注于周边游市场的产品设计，更倾向于通过资源的直采来打包设计产品，加强对资源的把控，从而提升服务质量。

相形之下，包括"懒人周末""周末去哪儿"在内的 App 采用的则是"小而轻"的 O2O 模式，专注于从信息层面做虚拟的信息产品，而弱化自有产品的交易。对接好合作商家之后，做信息资讯类的懒人周末只负责产品的线上营销和交易，不会深入参与到产品的生产、采购和包装。

在金忠塑看来，单靠营销上的优势很难反哺产品的生产，所以"懒人周末"的产品都由第三方商家完成。当然，除了负责整个链条的协调，懒人周末也会组织优质活动，培养商家开发产品的能力。

与"周末去哪玩"挑选当地传统旅行社合作不同，懒人周末倾向于跟新型的旅行网站进行合作。以杭州的旅游类商家为例，目前合作商家数量近 20 家，上线的产品有上千款，商家根据产品数量按周或按月进行发布。

然而，有一点相同的是，懒人周末和"周末去哪玩"都以"周末"场景作为入口，这意味着产品的选择不一定局限于一个类目，而是可以从各个不同的传统行业中细分出适合周末的产品。因此，如何有效整合不同的商家与产品，总结出一套标准化的合作机制成为难点。

在这一点上，懒人周末有两套解决方案。首先，周末是消费高峰，用户之间对于资源的使用存在竞争，因此，"懒人周末"通过限时限量的优惠活动，匹配无门店和休闲商家的共有规律，提升用户体验。

比如对于话剧、小型演唱会、精品电影院等商家，版权成本、演出成本、场地成本和人力成本等很多都是固定的，在合作上有相似的逻辑，提前将这些活动资源进行打包、整合、预订，就能有效避免周末资源的"撞车"。

其次，挑选部分行业进行深度合作，发展长期合作对象。比如一些高频次的本地生活服务，尽管客单价很低，但可以解决商家资源闲置的问题。总的来说就是，如果是资源竞争则提升用户体验，如果是资源闲置则提高使用率。

"周末去哪玩"的处理方式也是异曲同工，对于标准化程度较高的产品，比如景区门票，会向商家收取10%左右的佣金，而对于花费金额不固定的消费，如农家乐，则对每一笔交易收取一个固定的费用。总之，不同行业的商业逻辑不同，衡量的杠杆也不尽相同。

如何构建"周末"场景

滴滴和快的的恩怨情仇，春节的抢红包大战，在本质上其实是阿里巴巴和腾讯在营造支付场景上的角力，无不昭示着以场景触发（scene touch）为基础的场景时代已然到来。

正如《即将到来的场景时代》一书中所言，互联网争夺的是流量和入口，而移动互联网时代争夺的是场景，场景时代靠的五种原力——移动设备、社交媒体、大数据、传感器和定位系统，正在改变用户、商家、企业的体验，并处于良性循环之中。

不论是较早进入场景布局的OTA巨头携程，还是搭乘移动互联网之风应运而生的细分市场的各类App，都在从这五种原力中根据不同角度细分出场景。

从在线旅游行业中细分出来了以"周末"为场景切入的 App，引起周末市场的蝴蝶效应：周末市场逐渐被资本市场关注，类似农家乐、郊区度假客栈等民俗实业投资也越来越多。

事实上，移动互联网的先天优势与"周末"休闲生活的轻决策属性不谋而合。张文龙认为，一般用户不会有太多的行前查询资料、做攻略等行为，能做到说走就走，所以天然适合移动端去做，随时随地能够完成交易。

而从场景角度，金忠堃也总结了他眼中移动互联网的几大维度：空间场景、时间场景和需求场景。所谓空间场景和时间场景，是指移动 App 的使用空间和时间，移动设备的便捷性带来对使用时空的宽容性，可以是在公交车上，也可以是电梯里，抑或是在卫生间，往往在几分钟之内，不会做长时间的驻留。

而从某种程度上来说，需求场景也是碎片化的体现，这种碎片化来自于对传统行业中不断细分出来的不同分类的集合。在一周内的任何时候，城市白领都可以随时随地打开 App，提前预览资讯，预订活动，做出周末规划。

"发现新的生活方式"是懒人周末的定位，而休闲生活的本质既要追求接地气，又要追求惊喜和独特。这一定位清晰地与传统的团购网站和旅游网站进行了区分，既不是粗暴的价格驱动用户消费，也不是简单的吃喝玩乐先行。

母婴电商分众化

围绕年轻妈妈群体的核心需求扩充品类，构成了分众电商的基本经营思路，也是母婴电商的精髓所在。

母婴电商究竟应该如何归类？

垂直电商？除了奶粉、尿片以外，母婴电商还涵盖童装、玩具、孕妇装等非常广泛的品类。"垂直"一词显然难以概括。

综合电商？相比淘宝、天猫、京东等主流综合电商，母婴电商的 SKU 显然要聚焦许多，母婴电商的目标用户也是相对小众的一个群体。

针对母婴电商品类宽泛而受众狭窄的特点，笔者认为，"分众电商"一词是为它量身打造的概念。

"分众"概念的提出首次将电商的目标用户聚焦到一小部分人身上，围绕这部分人群的核心需求扩充品类，最终占领目标用户的大部分网购预算。这构成了分众电商的基本经营思路，也是母婴电商的精髓所在。

母婴用品的品类非常宽泛。理论上讲，母婴用品指的是从备孕到育婴这一特殊时期妈妈和婴儿的所有消费需求。衣食住行、吃喝玩乐都在此列。

细分来看，母婴用品不同品类的供应链模式、行业格局、消费路径和偏好等都各不相同。这就为母婴电商的供应链带来了非常大的挑战。

而分众电商的实现需要完成两步关键的转化，一是利用精准的渠道聚集起精准的用户，二是从核心品类转化到周边关联品类。

具体到母婴电商来说，最精准的聚客品类毫无疑问是奶粉和尿片，这是一个年轻妈妈独有的消费需求。而且更重要的是，奶粉和尿片目前是一个"卖方市场"。

国内消费者，特别是一、二线城市的消费者对国际品牌的奶粉有着非常强烈的需求。但是大量国际品牌并未正式进入中国，这就留下了一块很大的空白市场。

数据显示，仅在淘宝（含天猫）平台上，年销售额超过 10 亿元的奶粉品牌就有 4 个，超过 5 亿元的品牌共有 8 个，其中半数品牌没有在国内落地。

即使是已经进入中国市场的国际品牌，海淘的价格优势也非常明显。事实上，纸尿裤的市场形态与奶粉十分类似。

如果能够拿下稳定的货源，同时为消费者提供确定的价格和服务，母婴电商就能迅速地聚集起用户，并且形成自己的口碑和品牌。

这也是时下最热的母婴平台——蜜芽宝贝能够快速崛起的根本原因。

蜜芽宝贝从奶粉、纸尿裤这一标品切入，迅速打开了市场，而另外一家差不多同时上线的贝贝网则从非标的童装入手，同样获得了妈妈用户群的青睐。

但分众电商真正的挑战在于完成从垂直品类到综合品类的突破。就供应链来说，这需要商家开发出足够丰富的品类。从需求端来说，则需要引导消费者完成消费习惯的转变。

所以，从垂直到分众这看似简单的一步，实则需要精心地设计商业模式，并且对产业链进行系统的重构。

无论如何，在我们看来，母婴电商最重要的地方还是在于牢牢抓住了年轻妈妈这一精准消费群体，只有如此，分众电商才得以落地生根。

韩都衣舍：服装业也要有重度垂直

自从韩都衣舍与聚划算合作以来，几次销售记录都是在聚划算平台创下的，这源自做"新品首发"的策略。

韩都衣舍（以下简称韩都）成功的基础是它的商业模式，其 CEO 赵迎光说，互联网有低成本快速试错和快速学习的特点，由此，他把"阿米巴模式"运用到企业经营中来，这种模式的关键词是自由自在、重复分裂和激情四射。

传统的服装企业按部门来设置运营框架，有采购、销售和行政部门等，而韩都则采用了小组制模式，把原来部门的业务打散后重新梳理。每个小组由 3 人组成，他们分别隶属于原来的产品开发、销售和采购部门。小组形成了韩都的"细胞"，每一个小组的责、权、利都非常清晰，实现了在产品研发、销售和导购上各行其是的情况。

现在的韩都有 280 多个小组，每天进行排名，小组奖金由组长分配，组员可以重新分裂组合并向原来的组长缴纳培训费。通过这种方式，280 多个小组不断地分裂组合。

不同于传统企业自上而下的控制型管理，韩都采取的是"倒过来"的服务型管理，每个小组成为所有公共服务部门的核心，反向驱动这些公共部门。

为此，韩都设计了一整套相应的体系，控制公共部门的权力，让他们向小组提供尽可能到位的服务，工作起来更有激情。

到目前为止，韩都有 27 个品牌。从 2008 年开始，韩都就不断地尝试跨界，从女装做到男装，再到童装与设计师品牌，从中端做到高端，从韩风跨到欧美风、东方风等，看起来品牌很乱，但有其内在的逻辑。

现在的韩都在向平台化发展，而且是做专业深度垂直平台，做成给综合性平台提供优质产品的集成供应商。在韩都的平台上有五类品牌，包括互联网品牌、与线下品牌合作、互联网品牌孵化器"韩都 S 空间"、工厂合作和海外品牌。韩都也希望天猫能迅速把 SP、LG 等韩国品牌引到中国来。

2015 年的聚划算和之前相比变化非常大，而韩都正好赶上了这个节点，在品牌开发效率和多品牌渠道建设上都做了大量的前期工作。现在的聚划算由原先大家印象中的低价清仓渠道变为给新品牌带来影响力的平台，在韩都的理解中，新品包括品牌的新品和新品牌，而在聚划算首发，能迅速获得用户。2015 年韩都做聚划算的策略就是将多品牌做得更深、更细。

赵迎光认为今年聚划算收缩坑位的变化是极大的利好，能让整个平台进入良性循环，商家产出多了，也就会投入更多，消费者也更愿意来买，在此基础上再慢慢扩容，长远来看是可以越做越大的。

这样的改变已经开始显露出效果，从 2015 年 4 月开始，韩都明显感觉到其在聚划算上的增速有了提升。

赵迎光认为聚划算 2015 年力推的"超级品牌日"也可以扩大品牌的影响力。今年韩都做了一个品牌团，上了 6 个子品牌，就可以做到 7000 多万元的销售额。

下一步，韩都希望将更多的品牌放到"超级品牌日"中去做，投入更多的精力和资源。对平台，他也希望能够得到更清晰的消费群，方便品牌有针对性地大力投入。

图书在版编目（CIP）数据

下一代电商：从五大趋势看电商转型方向 / 天下网
商编著 .-- 杭州：浙江大学出版社，2016.6
ISBN 978-7-308-15791-9

Ⅰ.①下… Ⅱ.①天… Ⅲ.①电子商务—商业经营
Ⅳ.① F713.36

中国版本图书馆 CIP 数据核字（2016）第 086026 号

下一代电商：从五大趋势看电商转型方向

天下网商　编著

策　　划	杭州蓝狮子文化创意股份有限公司
责任编辑	杨　茜
责任校对	於国娟
封面设计	红杉林文化
出版发行	浙江大学出版社
	（杭州市天目山路 148 号　　邮政编码 310007）
	（网址：http://www.zjupress.com）
排　　版	浙江时代出版服务有限公司
印　　刷	杭州钱江彩色印务有限公司
开　　本	710mm×1000mm　1/16
印　　张	17.75
字　　数	234 千
版 印 次	2016 年 6 月第 1 版　2016 年 6 月第 1 次印刷
书　　号	ISBN 978-7-308-15791-9
定　　价	49.00 元

版权所有　翻印必究　印装差错　负责调换

浙江大学出版社发行中心联系方式：（0571）88925591；http://zjdxcbs.tmall.com